Die priesterliche Frau
oder
das Priestertum des Herzens

Französischer Originaltitel:
«La femme sacerdotale ou le sacerdoce du cœur»,
Editions des Béatitudes, 1992

Deutsche Übersetzung: Doris Dunkmann

3. Auflage: März 2001

Parvis-Verlag
CH-1648 Hauteville / Schweiz

Postsendungen in alle Länder

Gedruckt in der Schweiz

ISBN 3-907523-36-9

Jo Croissant

Die priesterliche Frau

oder

das Priestertum des Herzens

PARVIS-VERLAG
CH-1648 HAUTEVILLE

Für Ephraim, dem ich die Entdeckung verdanke,
wie schön die Berufung der Frau ist.

Für meine geweihten oder verheirateten Schwestern
der Gemeinschaft.

Meinen Freundinnen.

Dieses Buch ist eine Frucht all dessen, was sie mir
von ihren Leiden und Freuden mitgeteilt haben.

Für jede Frau auf der Suche nach dem Sinn
des Lebens ist.

Besonders möchte ich Agnes für ihre wertvolle
Hilfe bei der Endfassung dieses Werkes danken.

Vorwort

Es gehört zu den dringenden Erfordernissen unserer Zeit, die Frau und ihre Sendung ruhig und mit durchdringendem Verstand in den Blick zu nehmen, wie Jo Croissant es uns hier unterbreitet. Denn je nachdem, wie die Frauen zu ihrer innersten Berufung finden oder zu ihr zurückfinden, gereicht das nicht nur der Familie, der Gesellschaft und der Kirche, sondern der gesamten Menschheit zum Frieden. Werden die Frauen dagegen weiter verkannt oder mißachtet, sieht sich die Welt immer größeren Verletzungen ausgesetzt.

Warum ist es so schwierig, über die Frau zu sprechen?

Es ist deshalb so schwierig, weil man nicht nur an das Geheimnis der Menschheit, des Mannes und der Frau, rührt, wenn man die Rolle der Frau und ihres wahren Wesens betrachtet, sondern auch an das Geheimnis Gottes, der sie nach seinem Bilde geschaffen hat. Die Kirche und alle Menschen sind dazu berufen, zu einer Begegnung mit ihrem Gott zu gelangen und so auf die Hingabe Seiner selbst, Seines Lebens und Seiner Liebe zu antworten. Denn der ganze Plan Gottes für die Menschheit lädt zu einem Bund mit Ihm ein, zur Teilnahme an Seinem glückseligen Leben. Dieser großartige Anruf Gottes an den Menschen wird in dem Satz, dem Wort der Heiligen Schrift zusammengefaßt: «Siehe, hier bin Ich» (Jes 52,6; 58,9; 65,1), und die Antwort des Menschen an seinen Gott sollte ebenso lauten: «Siehe, hier bin ich!» (1 Sam 4,4-8; Apg 9,10). Diese Antwort der Menschheit an ihren Schöpfer beruht auf einer Berufung zur Brautschaft, also einer grundlegend weiblich gearteten Berufung. Die Frau ist Offenbarung und Beweis für die Tiefe einer solchen Andersartigkeit, wie sie im Gegenüber des Geschöpfes zu seinem Schöpfer deutlich wird (vgl. Gen 2,18). «Eine in der Tiefe aller Wesen vorhandene Eigenschaft ist Weiblichkeit, eine ihnen innewohnende, grundlegende Eigenschaft voll innerer Kraft. Sie ist ganz auf ihren Schöpfer ausgerichtet, der sie für Sich geschaffen hat. So ist es gleich, ob dieses biblische "Siehe, hier bin ich" von einem Mann oder von einer Frau gesprochen wird, immer ist es in der grundlegenden Weiblichkeit des geschaffenen Wesens begründet»[1]

Warum ist es darüberhinaus noch schwierig, von der Frau zu sprechen? Nicht nur, weil es hierbei um die Beziehung zu Gott geht, sondern auch, weil es um das Wesen der menschlichen Person geht, um die Berufung des Mannes und der Frau, von Gesellschaft, Familie, Kultur, von Arbeit und Wirtschaft, Biologie und Ökologie und schließlich um die Berufung zum ewigen Leben! Tatsächlich leiden die Frauen, wie Jo Croissant sehr klarsichtig und feinfühlig feststellt, heute mehr denn je unter der Verkennung und Verunstaltung ihres wahren Wesens. Oft ist die Frau zutiefst verunsichert, eben weil sie nicht mehr weiß, wer sie ist, weil man ihr ein falsches

1 Yves Fauquet, «Voici, dans la Bible» («Das Siehe in der Bibel»), noch nicht veröffentlicht.

Bild zuschiebt und weil sie den Anspruch auf ihre Würde und ihre einzigartige Stellung von woandersher begründet als von ihrer Weiblichkeit. Umgekehrt kann auch der Mann seine Berufung nicht voll erkennen, wenn er in der Frau nicht das so andere und doch so nahe Gegenüber findet, von dem in Genesis 2,18 die Rede ist. Durch ihre Sicht von ihm und durch das Gespräch gewährt sie ihm Zugang zu seiner eigenen Persönlichkeit als Mann, macht ihn offen für seine Berufung und unterstützt ihn in seinem Tun. Das ist allerdings nur möglich, wenn die Frau ihrerseits anerkennt, daß sie vom Mann verschieden und ihm doch ebenbürtig ist, sein «Gegenüber», aber nicht in geborgter Männlichkeit, sondern in ihrer eigenen, unersetzlichen Weiblichkeit.

Weiblichkeit, auch dies ein schwieriger Punkt, da die Menschheit, ob sie nun will oder nicht, von der Sünde verletzt ist. Das besondere an dieser Verletzung mit all den Leiden, die sie mit sich bringt, ist, daß irgendwo an ihrer Wurzel die Weigerung liegt, abhängig zu sein. Die menschliche Natur empört sich bei dem Gedanken, in ihrem Dasein, ihrem Leben und ihrer Entfaltung von anderen Menschen oder äußeren Umständen abzuhängen. Ob nun von Gott, der Gesellschaft, einem Ehegatten oder den Eltern, von den Naturgesetzen oder den Zwängen der Umgebung, man will nicht abhängig sein, sondern tun, was einem gefällt, so daß der Mensch zum Gefangenen seiner selbst, seiner Grenzen und Launen wird. Nun hat Gott den Menschen aber aus Liebe geschaffen, und aus Liebe schenkt Er ihm unaufhörlich «das Leben, den Atem und alles übrige» (Apg 17,25). Folglich kann der Mensch nur durch die Liebe zur Fülle gelangen, das heißt durch die Selbsthingabe, in der freien Antwort auf die Gabe, die Gott ihm mit Sich selbst schenkt.

Von diesem Geheimnis der Hingabe, oder im Gegenteil der Abkapselung von den anderen, wird das Leben der Frau in stärkerem Maße bestimmt als das des Mannes; sie ist dessen erste Zeugin oder erstes Opfer. «So ist die Frau für alle eine Erinnerung an die uns allen gemeinsamen "Daseinsbedingungen" im Hinblick unserer Situation vor Gott» (Yves Fauquet, a.a.O.). Sobald man in bezug zur Frau von Hingabe spricht, berührt man einen heiklen Punkt; denn wer Hingabe sagt, spricht damit von Abhängigkeit, Selbstlosigkeit und Aufopferung. Dadurch daß die Frau für die Liebe, die Selbsthingabe so empfänglich ist, sollte sie die Menschheit unaufhörlich an ihre Berufung erinnern, daß sie auf Gottes Liebe antworten muß.

Durch die Aufopferung des Herzens wird das Geheimnis der *caritas*, der liebenden Gemeinschaft zwischen Gott und dem Menschen, in höchstem Maß vollendet. Die Vollkommenheit und Fülle dieser Aufopferung wird Heiligkeit genannt, zu der alle Getauften berufen sind, wie uns das II. Vatikanische Konzil erinnert. Das Ziel des gesamten sakramentalen Aufbaus der Kirche ist hingeordnet auf den allumfassenden Ruf zur Heiligkeit. Heiligkeit, durch die die Gläubigen in hervorragender Weise ihr bei der Taufe grundgelegtes Priestertum ausüben (siehe die Dogmatische Konstitution über die Kirche, Nr. 10). Das Amtspriestertum hat seinerseits die Aufgabe, den Gläubigen zu ermöglichen, daß sie sich in ihrer Person und ihrem Leib vollständig als «lebendige, heilige, Gott wohlgefällige Opfergabe darbringen» (Röm 12,1). Durch ihre Hingabefähigkeit und besondere Nähe zu Gott ist die Frau dazu berufen, diese Aufopferung des Herzens zutiefst zu vollziehen und sie durch ihr ganzes Leben auszustrahlen. Die Menschheit ist von der Frau und durch die Frau aufgefordert, im

Hinblick auf den Herrn zu ihrer bräutlichen Berufung zurückzufinden.

Die diesbezügliche Unterweisung Papst Johannes Pauls II. aufnehmend, kann der *Katechismus der Katholischen Kirche* daher sagen: «Die Heiligkeit wird aber an dem "tiefen Geheimnis" gemessen, in dem die Braut mit der Hingabe der Liebe die Hingabe des Bräutigams erwidert.» Dies wird auf das vollkommenste von Maria verwirklicht und dargestellt. Darum, fährt der Katechismus fort, «geht die marianische Dimension der Kirche der Petrusdimension voraus» (Nr. 773). Der ganze sakramentale, gegliederte Aufbau der Kirche zielt ab auf die allumfassende Berufung zur Heiligkeit und Aufopferung des Herzens, deren erste Zeugin die Frau ist.

So rückt dieses vorliegende Buch die Berufung und das wahre Wesen der Frau als Tochter, Ehefrau und Mutter wieder ins rechte Licht, und man begreift, daß es so vielen Frauen Hoffnung und Heilung bringt, und durch sie auch vielen Männern.

Ein letztes Wort, zu dem mich dieses schöne, von Mitleid und Erfahrung getragene Buch inspiriert: Es wäre dringend nötig, daß nun auch ein Mann ein entsprechendes Werk über die Berufung des Mannes vorlegen würde, ein Ehemann und Vater, Gottes Abbild und Verwalter in dieser Welt. Dieses wahre Wesen des Mannes ist in unserer westlichen Gesellschaft genauso tief verletzt.

Durch die Heilung des Mannes und der Frau nämlich, die in und durch Christus, den wahren Menschen geschenkt wird, kann die Menschheit, mit sich selbst versöhnt, die Hinwendung zu ihrem Gott und Vater vollziehen und in Wahrheit zu ihm sagen «siehe, hier bin ich!»

+ Fr. Albert Marie Monléon, o.p.
Bischof von Pamiers

Geleitwort

Dieses Buch entstand aus einer Feststellung, die zunächst klar war, dann aber zur Frage wurde: Die Frauen leiden. Warum?

Ich bin auf meinem Weg vielen Frauen begegnet, und zwar nicht nur oberflächlich, wo man sich der anderen so darstellt, wie man gern aussehen möchte, sondern durch tiefgründige, aufrichtige Gespräche, in denen man keine Angst hat, sich so zu zeigen, wie man ist, in seiner ganzen Verletzlichkeit.

Hinter der Fassade fand ich sie oft verirrt und irgendwie verwirrt; mutig versuchten sie sich in Situationen zu behaupten, denen sie nicht gewachsen waren und in denen sie nicht wußten, wie sie sich verhalten und einstellen sollten, wie sie sein sollten. Mit einem Wort, ich war betroffen von ihrem Leid und dem Leid, das sie um sich herum verursachten, betroffen auch davon, daß sie ihr wahres Wesen verloren hatten und nicht mehr wußten, wie sie sich dem Mann gegenüber einstellen sollten und welche Sendung sie haben könnten.

Ich empfand in dieser verirrten, nach «Sinn» suchenden Welt die Notwendigkeit, zu den Quellen zurückzukehren und die Heilige Schrift zu befragen, um Verständnis dafür zu gewinnen, was uns das Wort Gottes über den Sinn des Lebens, des Leidens und des Todes sagt. Ich habe darin die ganze Größe der Rolle der Frau erkannt und gesehen, wie dringlich es für die Menschheit ist, daß die Frau zu ihrem wahren Wesen und ihrem Platz im Plan Gottes zurückfindet, damit auch der Mann seinen Platz findet und sie gemeinsam am Kommen Seines Reiches mitwirken können.

Auf der Suche
nach ihrem wahren Wesen

1.

Eine entscheidende Zeit

Wir leben heute sicher in einem entscheidenden Zeitabschnitt. In diesen letzten Jahrzehnten war an unserer Gesellschaft eine wahre Mutation zu beobachten, in der sich die Lebensumstände für die Frau beträchtlich gewandelt haben. Diese Entwicklung hat ihr auch Türen geöffnet, die bis dahin für sie verschlossen waren, und auf vielen Gebieten konnte sie sich endlich voll einsetzen. Diese Befreiung im Bereich des «Tuns» scheint ihre tiefgreifenden Schwierigkeiten jedoch nicht gelöst zu haben, und wenn sie äußerlich anscheinend weiter entfaltet und Herrin ihres eigenen Lebens ist, so ist dies oft nur eine Fassade, hinter der sich ein notvolles Dasein verbirgt.

Sie glaubte, sich der Beherrschung durch den Mann entziehen zu müssen und hat dabei männliche Ordnungsmuster übernommen, zum Schaden ihrer eigenen Weiblichkeit, denn dadurch hat sie sich von ihrer innersten Natur abgetrennt. So ist sie nur noch einsamer und verletzlicher geworden und in unentwirrbare Situationen geraten, die sie meist in große Not stürzen.

Es ist sicher, daß die Welt von heute gänzlich aus dem Gleichgewicht geraten ist, weil die Frau nicht mehr weiß, wer sie ist, und mehr denn je stellt sich heute die entscheidende, schwierige Frage nach ihrem wahren Wesen und ihrer Sendung.

Wie ist dann die folgende erstaunliche, prophetisch anmutende Erklärung zu verstehen, die wir in der Schlußbotschaft des II. Vatikanischen Konzils[1] finden?

«Die Stunde wird kommen, ja sie ist schon da, in der die Berufung der Frau sich in Fülle vollendet, die Stunde, in der die Frau in unseren Gemeinwesen zu bisher unerreichtem Einfluß, Strahlkraft und Macht gelangt. Darum können die vom Geist des Evangeliums durchdrungenen Frauen in dieser Zeit, wo die Menschheit eine so tiefgreifende Veränderung erfährt, so viel tun, um der Menschheit zu helfen, daß sie nicht fehlgeht.»

Als diese Zeilen geschrieben wurden, war die Frau in eine beunruhigende Identitätskrise geraten, von der man nicht behaupten kann, daß sie sie schon überwunden hätte. Unbefriedigt von dem Leben, das man ihr erlaubte, und die Größe ihrer Sendung ahnend, suchte sie sich in jeder Richtung und versuchte, sich um jeden Preis und mit allen Mitteln zu befreien, wobei sie Wahrheit mit Aufrichtigkeit verwechselte. Weil sie aufrichtig war, glaubte sie, in der Wahrheit zu stehen. Und wenn sie sich um jeden Preis entfalten wollte, verirrte sie sich häufig.

Eine der Listen des Bösen besteht darin, zu teilen, um besser zu herrschen, zu trennen, was Gott vereint hatte, um die einen und die anderen auf seine Weise zu manipu-

1 Botschaft des Konzils an die Frauen vom 8. Dez. 1965.

lieren und Gottes Plan unwirksam zu machen. Unsere Gesellschaft krankt an Scheidungen, an Trennungen jeder Art, jedoch besonders an der Trennung zwischen Mann und Frau.

Da die Befreiung als eine Beseitigung alles dessen aufgefaßt wird, was uns an unserer Entfaltung und der Verwirklichung unserer Wünsche hindert, rückt die Frau von allen ab, die sie in ihrer Freiheit fesseln könnten. Wenn dann die Prüfung kommt, steht sie plötzlich allein da und ist verwirrt. Unglücklicherweise ist sie dann wiederum diejenige, die für ihre eigene Freiheit zahlen muß, deren Folgen zu tragen hat und sich in tiefer Not befindet. Sie muß sie ganz allein bewältigen, weil sie sich von jeder Beherrschung und damit auch von jedem Schutz befreit hat.

Unglück der Frau, Unglück des Mannes, Unglück des Kindes — die bedrohlich auf der Welt lastetende Kettenreaktion eines gestörten Gleichgewichts.

Wir sind Zauberlehrlinge geworden, die über allmächtige Mittel verfügen, welche wir nicht mehr in den Griff bekommen, weil wir das Zauberwort nicht kennen. Die Wissenschaft hat der Zivilisation zu einem unerhörten Fortschritt verholfen, und wir sehen uns im Besitz einer bisher nie erreichten Macht. Zugleich sind wir geistlich unterentwickelt geblieben, und die Kluft wird immer breiter und bringt immer lebensunfähigere, schwächere und verletzlichere Wesen hervor.

In dieser wachsenden Not unserer Gesellschaft hat die Frau eine sehr wichtige, ja begeisternde Rolle zu spielen, so etwas wie eine neue Geburt. Denn wenn sie ihren Platz wiederfindet, wird sich alles zum Glück aller wenden. Es wird Zeit, daß sie ihrer selbst wieder mächtig wird, daß sie ihre Verantwortung ermißt, indem sie sich bewußt macht, was bei ihrer Sendung auf dem Spiel steht, und indem sie endlich ihr Bestes gibt. Das heißt natürlich, daß sie nicht länger dem Mann gleichen darf und ihre Verschiedenheit nicht als etwas Hinderliches, sondern als Reichtum und Gottesgabe erkennt.

In dieser Zeit der tiefgreifenden Veränderung der Menschheit muß sie eine vorherrschende Rolle spielen, aber nicht um den Mann zu vernichten, sondern um ihn im Gegenteil zu erheben und wieder einen Mann aus ihm zu machen, zur Erhebung der gesamten Menschheit.

Dann wird enthüllt werden, was verhüllt ist (vgl. Mt 10,26), und wenn die Scheinwerfer der Welt heute auch alle Schändlichkeiten beleuchten, es wird der Tag kommen, an dem Gott die Schönheit der Seelen enthüllt. Dann wird das Geheimnis der Frau in seiner ganzen Pracht erscheinen, das innig mit dem Geheimnis unserer Erlösung verbunden ist, ein Licht zur Erleuchtung des Angesichts des Mannes.

«Die zunehmende Bedeutung der Frau in dem kommenden Zeitabschnitt hat nichts mit der Emanzipationsbewegung gemein, die sie in ein männliches Fahrwasser bringt — diese Bewegung ist anti-hierarchisch und ebnet ein. (...) Nicht die emanzipierte, die dem Mann angeglichene Frau wird große Bedeutung erlangen, sondern das Ewigweibliche», sagte Berdiajeff.

2.
Der Feminismus

Der Ausbruch des Feminismus war trotz allem ein geistiger Ausbruch. Der Panzer, den die geistige Enge der bürgerlichen Familie den Frauen aufgezwungen hatte, war unerträglich geworden; sie ahnten, daß ihr Leben anders aussehen müßte, daß sie ihr Tätigkeitsfeld erweitern und ihre Liebesfähigkeit entfalten müßten, die sich in der eingeengten Welt, zu der die religiös entwurzelte Familie geworden war, nicht frei entwickeln konnte. Innerhalb der damaligen Auffassung und Lehre von Moral und Religion konnte dieser aufrichtige Wunsch der Frauen, der Mittelmäßigkeit zu entrinnen und den wahren Sinn des Daseins wiederzuentdecken, nicht verwirklicht werden, und man verirrte sich ausweglos.

Beträchtlichen Einfluß, der den Energien der nach Gleichheit mit dem Mann strebenden Frau die Richtung wies, hatte Simone de Beauvoir; sie behauptete, der geschlechtliche Unterschied sei nebensächlich: «Man kommt nicht als Frau zur Welt, man wird erst dazu.»

Die Befreiung der Frau wurde mit sexueller Befreiung gleichgesetzt. Die Verfahren zur Empfängnisverhütung halfen ihr, die Fruchtbarkeit in den Griff zu bekommen; durch die Beseitigung des «Handicaps» der Schwangerschaft wurde sie dem Mann gleich und konnte auf allen Gebieten mit ihm wetteifern.

Daraus folgte die Abwertung der Werte, die der Frau eigen sind, und zwar ebenso im biologischen wie im geistigen Bereich. Dadurch daß jeglicher Begriff von einer eigenen Sendung beseitigt wurde, wurden Mutterschaft und Jungfräulichkeit und damit schließlich auch die Frau selbst abgewertet.

Auch heute sieht man Theorien aufblühen, die erstaunlichen Erfolg haben; auf anthropologischem Wege weisen sie hieb- und stichfest nach, daß der Mann und die Frau nur deshalb so seien, wie sie sind, weil sie sich auf gesellschaftliche Erfordernisse einstellten, durch welche sie dann in dieser Weise geformt würden.

Die Lebensumstände unserer Zeit haben sich gegenüber der Vergangenheit vollkommen verändert; die Mechanisierung bis zum Äußersten und der großartige technische Fortschritt machen immer weniger Körperkraft und immer größere Genauigkeit erforderlich. Das führt dazu, daß die Frau ebenso viel, in bestimmten Verantwortungsbereichen manchmal sogar mehr Erfolg hat als der Mann. Daher meint man, daß wir auf dem Weg zu einer Umwandlung des menschlichen Wesens seien, bei der die Unterschiedlichkeit der Geschlechter zunehmend an Bedeutung verliere, bis es schließlich zu einem geschlechtslosen Wesen komme.

Man könnte darüber lächeln, wenn es nicht eine immer greifbarere Wirklichkeit würde: Der Mann und die Frau wissen nicht mehr, wer sie sind, und wagen es nicht mehr, sich in ihrem wahren Wesen zu bestätigen. Die Kinder wissen nicht mehr, mit wem sie sich identifizieren sollen. Sie haben ihre Anhaltspunkte verloren. Wir wohnen dem Kommen einer androgynen, einer Gesellschaft von Zwittern bei.

Natürlich kommt eine Rückkehr zu dem, was einmal war, nicht in Frage, zu jenem etwas altmodischen Bild der Frau am Herd, die vollkommen vom Mann abhängig ist und keine andere Welt als die der Töpfe und Pfannen kennt; ebensowenig aber auch eine Rache für die vergangenen Jahrhunderte der Knechtschaft, indem man ihn nun zu beherrschen sucht.

Glücklicherweise haben wir uns von einem ersten Feminismus erholt, der in seinen Aussagen sehr weit gegangen war; wir müssen jedoch zugeben, daß wir in unserem Verhalten und unserer Denkweise zutiefst davon geprägt sind. In einer echten Suche müssen wir den wahren Sinn der Berufung der Frau wiederfinden und uns von all den alten Stereotypien freimachen, die uns dabei hinderlich sind.

3.

Der wunderbare Plan Gottes

Wenn wir Gottes wunderbaren Plan für die Frau und durch sie für die gesamte Menschheit wiederauffinden wollen, ist es wichtig, über den Schöpfungsbericht nachzusinnen und zu versuchen, dadurch in Gottes Denken einzudringen; denn alles liegt im Anfang beschlossen.

Man hat es sich angewöhnt, das Wort Gottes so anzuführen, daß die ungünstigsten Verse über die Frau herausgesucht werden, um die Verantwortung für die Knechtung der Frau dem Judentum und der Kirche anzulasten. Dabei war die Kirche im Gegenteil der Ort gewesen, wo sie ihren Platz und ihre Würde noch am besten gewahrt sah in Zeiten, als alle bestrebt waren, sie klein zu machen. Mit Vergnügen werden niederschmetternde Sätze angeführt. Die Schriften sind jedoch da, um tief ausgelotet zu werden: Zu einem einzigen Vers gibt es immer mehrere Auslegungen, angefangen vom wörtlichen bis zum mystischen Sinn. Am liebsten wären uns klare, saubere Antworten, die unserem streng logischen Verstand den Frieden brächten; doch aus jeder Frage entspringt eine Unmenge weiterer Fragen. Sie erlauben es unserem Geist, in das Geheimnis vorzudringen.

Im Buch der Psalmen steht: *Du hast ein Wort gesprochen, und ich habe zwei vernommen.* Anders gesagt, wenn man sich allein an den wörtlichen Sinn hält, geht man an der Botschaft vorbei, die Gott uns übermitteln wollte.

Als Mann und Frau schuf Er sie.

Im ersten Schöpfungsbericht lesen wir: *Gott schuf den Menschen nach seinem Bild, nach dem Bilde Gottes schuf er ihn; er schuf sie als Mann und Frau* (Gn 1,27).

Der Mensch ist als Mann und zugleich als Frau geschaffen, und nichts weist darauf hin, daß der eine den anderen beherrschte. Gott schuf sie gleich an Würde, aber unterschiedlich, damit sie sich vereinigen können. Erst gemeinsam bilden sie die grundlegende Einheit des menschlichen Wesens. Wenn Gott aus einem Wesen zwei gemacht hat, dann geschah das, damit die beiden auf eine größere Fülle hin «eins» würden.

Übrigens wird uns in einem der Midraschim[1] gesagt, nur Gott sei wirklich männlich, die Seele jedes menschlichen Wesens jedoch weiblich, weil sie zur Vermählung mit Gott berufen ist, was Papst Johannes Paul II. bestätigt: «Die Würde jedes Menschen und die ihm zukommende Berufung finden ihr endgültiges Maß in der Vereinigung mit Gott.»

Laßt uns im Buch Genesis (2,18-25) nachlesen:

«Dann sprach Gott der Herr: "Es ist nicht gut, daß der Mensch allein sei. Ich will ihm eine Hilfe machen, die ihm entspricht." Gott der Herr bildete aus dem Erdboden alle Tiere des Feldes und alle Vögel des Himmels, und er führte sie zum Menschen, um zu sehen, wie er sie benennen würde. Es waren lebende Wesen, und jedem gab der

1 In der Einzahl Midrasch, rabbinischer Kommentar zur Heiligen Schrift.

Mensch einen Namen. Der Mensch gab also allen Tieren ihren Namen, den Vögeln des Himmels und allen Tieren des Feldes. Aber er fand keine passende Hilfe für sich selbst. Da ließ Gott der Herr einen Tiefschlaf über den Menschen fallen, und er schlief ein. Gott nahm Fleisch von seiner Seite und verschloß sie wieder. Mit dem, was er von dem Menschen genommen hatte, formte er eine Frau und führte sie zu dem Manne. Da sagte der Mann: "Das ist endlich Bein von meinem Bein und Fleisch von meinem Fleisch. Sie soll Frau heißen." Darum wird der Mann Vater und Mutter verlassen und seiner Frau anhangen, und die beiden werden eins sein. Beide, der Mann und die Frau, waren nackt, aber sie schämten sich nicht voreinander.»

Als Gott den Menschen geschaffen hatte, Mann und Frau in einem einzigen Leib, da sah er, daß es nicht gut sei für den Mann, allein zu sein. Er brauchte ein Gegenüber, eine Hilfe, die zu ihm paßte.

Es ist wunderschön, die anfängliche Beziehung zwischen Gott und dem Menschen zu sehen. Es ist eine Beziehung von Person zu Person.

Gott macht einen Vorschlag, und der Mensch ist ganz frei, darauf zu entgegnen, nein, das gefalle ihm nicht. Er ist es, der all den Lebewesen Namen gibt, ihnen auf diese Weise ihren Auftrag in der Schöpfung zuweist und über sie herrscht. Er war dabei, als Gott sie schuf und war mit Ihm daran beteiligt.

Als Gott aber die Frau schaffen wollte, ließ Er einen geheimnisvollen Schlaf über Adam kommen und handelte ohne sein Wissen, Er stellte ihn einfach vor das Geheimnis dieses Wesens, das während seines Schlummers zum Leben erweckt worden war. Er soll nicht über sie herrschen, wie er über die Tiere herrscht; denn er sollte hier stets vor einem Geheimnis stehen. Und dann ist es ein Ausruf der Bewunderung, der dem Adam aus tiefstem Herzen kommt. Er erkennt sie und erkennt sich selbst in ihr wieder, und diese Begegnung ist Fülle. Dadurch, daß sie ihn zum Staunen bringt, spielt sie eine offenbarende Rolle: Vor ihr, die ihm ähnelt und doch verschieden von ihm ist, wird er seines eigentlichen Wesens gewahr.

Es steht geschrieben, Eva sei aus Adams Rippe gemacht worden, die Rippe ist aber auch seine Seite, seine eine Hälfte, was bedeutet, daß sie auf ewig voneinander angezogen werden, daß sie aufgerufen sind, miteinander, aber genauso auch füreinander dazusein. Die wörtliche Übersetzung lautet: *«Eine Hilfe gegen ihn»*, was zweierlei besagen kann: eine Hilfe in Anlehnung an ihn, in einer Gemeinschaft, die ihre Verbindung fruchtbar macht, oder «im Gegensatz zu ihm», und in diesem Fall kann sie bis zu seiner Zerstörung gehen.

In einem anderen Midrasch wird gesagt:

«Wenn es der Mann verdient, wird sie gegen ihn sein», das heißt, gegen ihn gelehnt, mit ihm. «Wenn er es jedoch nicht verdient, wird sie dagegen sein, das heißt, dann kann sie seine Feindin werden.» So empfängt die Frau schon am Anfang ihren Auftrag bezüglich des Mannes, gemeinsam an Gottes Werk mitzuarbeiten, sowie ihre Identität in bezug zum Manne. Doch kann sie dabei für ihn entweder zur Verbündeten oder zur Feindin werden. Je nachdem, wie sie ihre Freiheit gebraucht, kann sie Licht oder Finsternis bringen, erheben oder erniedrigen, befruchten oder unfruchtbar machen.

Isch und Ischah

In allen Sprachen haben die Worte «Mann» und «Frau» verschiedene Wurzeln, so als wären sie nicht eins in ihrem Wesen. Nur das Hebräische verwendet zwei Wörter derselben Wurzel und unterstreicht damit die gegenseitige Ergänzung.

Der Mann heißt *Isch*, bestehend aus den Buchstaben *Aleph, Jod, Schin*, und die Frau *Ischah: Aleph, Schin, He*.

Wenn Mann und Frau sich liebend vereinigen, machen sie die beiden Buchstaben *Jod und He* gegenwärtig, die den Namen Gottes bilden: *Jah*.

Wo die Güte und die Liebe wohnt, ist Gott zugegen.

In dem Wort «Mann» kommt der Buchstabe *Jod* vor, der die Hand Gottes versinnbildlicht, welche Er auf ihn gelegt hat und ihn daran erinnert, daß er von dieser Hand geformt wurde, die ihn von der Erde *(adamah)*, von der er stammt, genommen hatte. Wenn der Mensch nicht unter diesem Schutz bleibt, wird er nichts Gutes fertigbringen. Er soll in der Demut verharren.

Was die Frau betrifft, so unterscheidet sie sich durch den Buchstaben *He*, den Buchstaben des geistigen Hauches, der in dem heiligen Tetragramm zweimal vorkommt. (Im Hebräischen setzt es sich aus *Jod, He, Waw* und *He* zusammen und wird im Deutschen zu *Jahwe*.) Dies befähigt die Frau, das Geistige unmittelbarer zu erfassen. Sie soll den Mann in ihrem Liebesbündnis tiefer in Gottes Gegenwart einführen und in ihm die Sehnsucht wecken, Ihn kennenzulernen, zu lieben und Ihm zu dienen.

Wenn diese vorgegebene Offenheit für das Geistige, diese Empfänglichkeit für die Innenwelt jedoch keine gute Ausrichtung erfährt, kann die Frau dadurch zu einem vorzüglichen Werkzeug in der Hand des «Feindes» werden.

Beiden gemeinsam sind die Buchstaben *Aleph* und *Schin*, die *Esch*, Feuer, bedeuten.

Wenn der Mann und die Frau ihr wahres Wesen verlieren, wenn sie die Demut und auch das Gebet vergessen, bleibt nur *Esch*, Feuer, übrig, das Feuer der Zerstörung. Wenn sie Gottes Gegenwart aus ihrer Mitte verbannen, müssen sie einander unweigerlich zerstören. Denn wenn eine Beziehung nicht dem Spiel der Beherrschung des einen durch den anderen unterworfen werden will, muß sie notwendigerweise trinitarisch, dreifaltig, sein. Gegenwärtig macht die Beziehung zwischen Mann und Frau eine tiefe Krise durch. Wenn Gott nicht der tragende Grund der Verbindung ist, ist gar keine Verbindung möglich. Es bleibt nichts als das Feuer der Leidenschaft und der Leidenschaften, von denen sie zerstört werden.

Wenn wir die Schöpfungsberichte der Genesis zur Sprache bringen, geschieht das natürlich nicht, um uns dabei auf geschichtliche Tatsachen zu stützen, sondern weil der Inhalt dieses inspirierten Buches wahr ist, weil die Vielfalt der Bilder, das sich darin entfaltende göttliche Wort unser Denken begründet und ordnet. Die Bibel benutzen heißt, zu seinen Wurzeln zurückfinden, aber auch, gesund zu werden und sich ganz neu aufzubauen. Die Etymologie des Urtextes erlaubt uns, zu den tiefen Wurzeln vorzudringen.

In dem eben angeführten Text steht, daß Er sie «männlich und weiblich» geschaffen hat: *sachar we nekewah.*

Mann, männlich, *sachar*, bedeutet sich erinnern, sich das, was in der Erinnerung ist, zu vergegenwärtigen, und zwar sowohl in der in uns angelegten Erinnerung wie auch in der Liturgie.

Anders gesagt, der Mann, der Männliche, zelebriert das Schöpfungswerk Gottes, indem er Erzeuger ist und indem er den Kult zelebriert.

Sein Leib und Geist sind zum Kampf und zur Eroberung der Erde eingerichtet, um entsprechend seiner ursprünglichen Berufung deren Herr und König zu sein.

Seiner ersten Eigenschaft nach spielt der Mann eine priesterliche Rolle, er macht gegenwärtig, was von woanders, nämlich von Gott her kommt. Die Verantwortung für Gottes Gegenwart in seinem Hause ruht auf ihm, der zugleich der Zelebrant des Kultes im Rahmen der Familie und derjenige ist, der für das materielle Wohl und die Beziehungen nach außen sorgt.

Im Judentum obliegt ihm die Einhaltung der sechshundertdreizehn Gebote, damit ihn die Erfüllung des Gesetzes durch sehr handfeste Vorschriften ständig zu Gott zurückbringt.

Frau, weiblich, *nekewah*, bedeutet hohl, Empfänger, Keimboden, einen inneren Raum schaffen.

Ihr Leib ist ganz Weichheit und Zärtlichkeit. Er ist geschaffen, um zu empfangen, zu trösten und das Leben zu geben.

Sie soll Empfängerin für die Liebe Gottes, für das Wort Gottes sein und ist berufen, es nach dem Vorbild der Gottesmutter Maria mehr in ihrem Herzen zu bewegen, als es zu verkündigen. Sie ist von Natur aus geistiger und religiöser und daher von der Einhaltung der sechshundertdreizehn Gebote ausgenommen. Denn sie ist die Seele des Hauses, die für die Beziehungen innerhalb der Familie verantwortlich ist, da sie für jeden einzelnen sorgen soll. Sie steht für die ein, die sie empfangen hat.

Mann und Frau sind für die gegenseitige Verständigung und die Gemeinschaft in der Liebe nach dem Bild der Dreifaltigkeit geschaffen worden. Ihre grundlegende Verschiedenheit schafft eine tiefe Anziehungskraft im Hinblick auf eine harmonische gegenseitige Ergänzung.

Er zeichnet sich durch seine Stärke und sein Wirken aus, sie durch aufmerksame Zuwendung und ihr Sein. Die Stärke des Mannes kann sich aber nur durch die Frau verwirklichen, zunächst leiblich, aber auch in allen anderen Bereichen.

Die Frau ist vom Manne genommen, doch der Mann wird aus der Frau geboren.

Der im 4. Jahrhundert lebende heilige Einsiedler und Diakon Ephrem, der erste Sänger der Frau in Maria, bat Gott eines Tages um die Gnade, ihm durch den ersten Menschen, dem er in der Stadt begegnen würde, eine Lehre zu erteilen. Es war eine Dirne; wortlos schaute sie ihn an. Der Asket war verwirrt von diesem Blick und fragte sie, warum sie ihn so ansehe. Ihre Antwort entspricht ganz dem Evangelium und ist wunderschön: «Mann, schaue zu Boden, denn du bist vom Staub genommen; was mich angeht, so kann ich dich ansehen, denn ich wurde von dir genommen.»

Zwar ahnt die Frau die Schönheit ihrer Berufung nach dem Plan Gottes, doch spürt sie in sich meistens eine Beklommenheit, ein Mißbehagen, die daher kommen, daß sie nie genau weiß, wie sie sich als Frau richtig einstellen soll. Darüber hinaus werden ihr ständig alle möglichen Bilder und Erwartungen übergestülpt. Der Weg ihrer Befreiung aber geht über die drei Abschnitte Tochter, Ehefrau und Mutter. Die vollkommene Frau ist voll und ganz Tochter, Ehefrau und Mutter in einem.

Nun kann man aber nicht Mutter sein, ohne Ehefrau zu sein. Wahre Mutterschaft — jene, die Leben schenkt, und nicht Kinder für sich selbst will, sogar ohne Vater, wenn es ginge —, die entsteht in der Verheiratung, in der Opfergabe seiner selbst an den anderen aus Liebe. Ebenso kann man nicht Ehefrau sein, wenn man nicht auch ganz und gar Tochter ist, wenn man sich nicht von der Liebe des Vaters hat formen lassen, fähig, sich in Liebe hinzugeben.

Tochter Gottes

1.

Von der menschlichen zur göttlichen Vaterschaft

Vater und Tochter

Die Frau ist zunächst einmal Tochter, Tochter des Vaters im Himmel und die Tochter ihres Vaters. Es ist sehr wichtig für sie, sich ihres wahren Wesens bewußt zu werden, wieder Anschluß an das Weibliche zu finden und sich mit ihrem Frausein und zuallererst dem Tochtersein zu versöhnen. Ihre gefühlsmäßige und geistliche Entwicklung ist in der Tat zutiefst von der Beziehung zu ihrem Vater geprägt, der für sie die erste, zukunftsentscheidende Berührung mit dem Männlichen darstellt. Es ist der Vater, der die Ordnung setzt und zum Erwachsenwerden verhilft, während die Mutter immer dazu neigt, die Kinder als ihre Kleinen anzusehen und sie beschützen zu wollen. Eine gute Vaterbeziehung bewirkt Selbstvertrauen und die harmonische Einfügung in die Gesell-schaft.

Was psychologisch gilt, gilt auch geistig. Gleich ob die Frau ledig, geweiht oder verheiratet ist, immer setzt sie sich zum Mann in Beziehung. Sie ist es sich schuldig, eine ausgewogene Beziehung zu ihm zu unterhalten. Das soll nicht die Beziehung eines kleinen Mädchens zu ihrem Vater sein, aber auch nicht die einer Matrone, die ihren Mann und die Kinder in Schrecken versetzt.

Die Folgen einer schlecht ausgeübten Vaterschaft werden recht gut von Nathalies Zeugnis veranschaulicht:

> Ich habe meine Eltern verlassen, sobald es mir das Gesetz erlaubte, das heißt mit 18 Jahren. Mein Vater war Soldat und hat mich sehr streng erzogen, wobei meine Persönlichkeit vollkommen verschüttet wurde. Aus denselben Gründen sind mein Bruder und meine Schwester lange vor mir auch schon aus dem Haus gegangen. Nie wurden wir nach unseren Wünschen gefragt, nach dem, wozu wir Lust hatten und was wir zutiefst gern tun wollten. Nein, für jeden von uns hatte mein Vater seine festen Vorstellungen. So war unsere Jugend ein einziger Kampf, in dem keiner gewann und alle litten und in dem der Mißerfolg das Schicksal der drei Kinder wurde, und zwar auf allen Gebieten.
> Mein Vater hatte seine festen Vorstellungen, aber nie hat er uns vermittelt, selbst etwas aufzubauen und das Selbstvertrauen zu bekommen, das zu jeder Durchführung und dem Wunsch, die Dinge zu Ende zu bringen, nötig ist. Außerdem hat er uns mit seinem Eheleben ein verheerendes Beispiel gegeben. Dieses Muster haben wir später immer beibehalten: das Leben, das er mit seiner Frau geführt hat.
>
> Ich zog also mit 18 Jahren aus. Ich hatte ein solches Bedürfnis nach Freiheit! Ich begann ein eheähnliches Verhältnis, und wie alle Kinder suchte ich weiterhin die Anerkennung meines Vaters. Ich heiratete. Sehr schnell ging es schlecht mit meiner Ehe: Das Erbe meiner Eltern und das Fehlen grundlegender Werte haben

meine Liebe zu meinem Mann sehr schnell zerbrochen, oder vielmehr, ich hatte gar nicht die Möglichkeit, ihn zu lieben. Mit einem anderen fing ich dann ein neues Leben an. Das dauerte zwei Jahre und wurde mit einer schmerzhaften Scheidung beglichen. Zehn Jahre lang probierte ich: einen neuen Mann, eine neue Arbeit, eine neue Stadt, neue Frisuren, neue Launen, neue Freunde, oder auch eine Ehe, den Kauf einer neuen Wohnung, ein Kind... Am Ende aller meiner Bemühungen stand der Mißerfolg.

Heute lebe ich allein mit meiner kleinen Tochter und bin dabei nicht verzweifelt, im Gegenteil. Ich habe in all diesen mißglückten Beziehungen meinen Anteil an Irrtum eingesehen: aber welche Irrtümer?

Das Bild meiner Eltern von einem Ehepaar hat in mir den Eindruck hinterlassen, daß schließlich nur die Männer Wertschätzung verdienten. Meine Mutter war eigentlich nichts als eine «Hausfrau», die zum Ausgleich für die finanzielle Sicherheit, die mein Vater ihr bot, das Haus in Ordnung hielt und die Kinder «aufzog». Das wollte ich nie werden, nur das nicht! So habe ich mir meinen Vater zum Vorbild genommen: Ich wurde zu einem Mann und wollte ein Mann sein. Ich arbeitete und verdiente Geld, ich fing an zu basteln, suchte mir meine Liebhaber aus und wollte nie die Rolle der Frau annehmen, wie ich sie mir dachte. Nie habe ich mich um das Haus gekümmert, oder nur im selben Maß wie mein Partner auch. Das Dienen im übelsten Sinn des Wortes habe ich immer gehaßt. Vor allem wollte ich nicht von einem Mann ausgehalten werden, weder so noch so.

Ich habe ihre Männlichkeit zerstört. Ich habe ihnen nicht den Platz gelassen, um sich selbst zu bestätigen und zu entfalten. Selbst in meinen sexuellen Beziehungen verhielt ich mich wie ein Mann (oder meinte mich so zu verhalten). Und ich, wen hatte ich selbst in einer solchen Geschichte zu lieben? Ich stellte sie vor ihre Schwierigkeiten, ich setzte sie herab, indem ich ihre Schwächen, Irrtümer und Versuche betonte. Ich projizierte einen Typ auf sie, der ihnen natürlich überhaupt nicht entsprach, und das warf ich ihnen vor. Sobald sie den Rahmen dieses Modells verließen, fühlte ich mich verunsichert und machte ihnen das dann unweigerlich zum Vorwurf.

Dieses Handicap hat sich natürlich auch in meiner beruflichen Tätigkeit gezeigt. Selbst wenn ich über sehr viel Energie, einen klaren Verstand, Organisationstalent und Selbständigkeit verfügte, unweigerlich stieß ich mich eines Tages am Direktor des Unternehmens, der mich in meiner Rolle als Frau, oder was ich dafür hielt, brauchte. Oft habe ich dann gekündigt. Um anderswo neu anzufangen.

Als ich mich das letztemal scheiden ließ, beschloß ich, mich wirklich in Frage zu stellen. Ich betete, um von meiner Knechtschaft befreit zu werden, vom Erbe meiner Eltern, dieser unfruchtbaren geistigen Einstellung und Quelle des Leidens. Eine erste Antwort erhielt ich bei einem Gespräch mit einer Freundin, die verstanden hatte, an welchem Übel ich wahrscheinlich litt, und es mir erklärte, besonders dieses Identitätsproblem.

Ich bin eine Frau. Heute finde ich mein Glück darin, das voll und ganz anzunehmen und meine Rolle auch zu spielen, besonders bei den Männern.

Die Frau schwankt ständig zwischen zweierlei Haltungen: Abhängigkeit und Unabhängigkeit, die beide nicht die Frucht der wahren Freiheit sind. «Ein freier Mann kann nicht ohne eine freie Frau leben» (Fellini).

Nur der ist wirklich frei, der sich von dem Blick der anderen befreit hat und entschieden im Blick Gottes lebt.

Ebenso kann die Frau nur dann befreit werden und eine fruchtbare Beziehung mit dem Mann eingehen, wenn sie bezüglich seines Blickes Abstand nimmt und sich in den Blick des Vaters im Himmel stellt.

Es ist sein liebevoller Blick auf uns, Mann oder Frau, der uns mit uns selbst versöhnt und sein «Bild» in uns wiederherstellt.

Unsere wahre Persönlichkeit gründet sich auf unsere Beziehung zu Gott unserem Vater.

Unsere Generation hat sich jedoch so sehr gegen die patriarchale Gesellschaft und die Machtherrschaft der Väter erhoben, daß sie etwas vollbracht hat, was Sigmund Freud mit «Vatermord» bezeichnete und was auch der Mord an Gott war. Mit der Ablehnung der Herrschaft der Väter hat sie sich von der Väterlichkeit abgewandt, die die Macht besitzt, erwachsen werden zu lassen, und so ist sie im Jugendalter steckengeblieben.

Dringend muß heute das Herz des Vaters wiedergefunden werden — und müssen wir unsere Kinderherzen wiederfinden.

Die Erbsünde

Seht doch, wie groß die Liebe ist, die der Vater uns geschenkt hat: Er wollte, daß wir Kinder Gottes genannt werden, und wir sind es (1 Jh 3,1).

Wie sollen die aber ihr Kinderherz wiederfinden, denen man die Kindheit geraubt hat — alle diese Kinder, die gepeinigt werden und deren Unschuld gekreuzigt wird, alle, die nie den liebevollen, lebenspendenden Blick eines Vaters oder einer Mutter bekommen haben, alle diese in der Liebe Behinderten?

Gott ist nicht schuldig an dem Leid, das die Menschen ihnen angetan haben, ist nicht schuldig an den von

Generation zu Generation weitergegebenen Verletzungen. Ja mehr noch, nur Er kann diesen Teufelskreis durchbrechen, der verletzen läßt, weil man verletzt wurde. Nur sein Blick kann in ihnen und uns das Kind wiedererwecken, das getötet worden war.

Kürzlich wurde im Radio über einen jungen Mann gesprochen, der seinen Sohn auf eine fürchterliche Weise gepeinigt hatte. Wie kann man sich vorstellen, daß so etwas möglich ist? Die Tatsachen sprechen für sich. Er war von seinem Vater gepeinigt worden und dadurch so verletzt, daß er seinen Sohn einfach nicht lieben konnte. Ohne gleich so weit zu gehen, es ist erstaunlich, festzustellen, wie viele ein vollkommen entstelltes Bild von Gott dem Vater haben, weil sie von dem Blick ihres Vaters verletzt worden sind, von seiner Gleichgültigkeit oder seiner Machtausübung. Was für den Vater zutreffend ist, gilt auch für die Mutter; einige haben es schwer, die Gottesmutter Maria oder sogar die eigene Frau anzunehmen, weil sie die eigene Mutter ablehnen. Aber wenn man das Vorbild der Eltern, unter dem wir gelitten haben, auch ablehnt, so wird doch genau dies nachgeahmt. Man versteht die wahnhafte Angst bestimmter Ehemänner, ihre Frau könnte so werden wie die Schwiegermutter!

In Wirklichkeit verletzt man also, weil man verletzt worden ist.

Das ist die Geschichte der Erbsünde, die wir wie eine giftige Gabe bei der Geburt mitbekommen. Wie ein Fluch vererben sich ihre Folgen von Generation zu Generation, und zwar ebenso wie die Folgen der angenommenen Gnade, die für die Kinder und Kindeskinder ein Segen sind. Denn Gott hat uns nicht verlassen. Aus Unglück und Tod zog Er Glück und Leben und machte sich die Frau, die das Leben schenkt, zur Verbündeten.

In der Annahme der Gnade und der Weitergabe von Segen und Leben spielt sie tatsächlich eine ganz besondere Rolle.

Die wiederhergestellte Gotteskindschaft und die Heilung der Verletzungen

Das Wesentliche an der Taufgnade ist unsere Erlösung von der Erbsünde, den Folgen der Sünden unserer Vorfahren und die Befreiung von dem Fluch. So stellt sie in uns die Gotteskindschaft wieder her. *Überdies ist die Taufe nicht die Beseitigung leiblichen Schmutzes, sondern Verpflichtung Gott gegenüber zu einem guten Gewissen und auf diese Weise Teilhabe an der Auferstehung Christi* (vgl. 1 P 3,21). Wir verpflichten uns, gegen die Sünde zu kämpfen, die uns vergeben ist, und wir erleben eine neue Geburt, die uns erlaubt, unablässig neu anzufangen und uns von Christus auferbauen zu lassen. Darum ist das Sakrament der Versöhnung eine Quelle immer tiefergehender Heilung, weil sie die Taufgnade erneut zur Wirkung bringt. Dadurch daß wir von der Sünde befreit sind, sind wir auch von deren Folgen, unseren Verletzungen, befreit, und wir können den Teufelskreis durchbrechen und den Fluch auslöschen. Sünde und Verletzung sind in uns eng miteinander verknüpft. Eifersucht ist zum Beispiel eine Verletzung der Liebe. Geiz hat seinen Ursprung in schlecht angenommenem Mangel während der Kindheit, woraus sich Unsicherheit entwickelt hat. Und was ist von der Gefräßigkeit und der Bulimie, zu sagen? Sobald sich ein inneres Gleichgewicht eingestellt hat, verschwinden sie.

Oft sind große Sünder Menschen, die schwerste Verletzungen erlitten haben und denen es am meisten an Liebe gefehlt hat. Die ursprüngliche Sünde ist jener

Bruch mit der göttlichen Liebe, es ist der Zweifel, der Mangel an Vertrauen. Hinterlistig trieb die Schlange die Frau und den Mann dazu, an Gottes Wort zu zweifeln. So haben sie sich von der göttlichen Liebe abgetrennt und wurden sich selbst ausgeliefert. Die Folgen ließen nicht auf sich warten, und die Frucht der Sünde hat sich in ihren Kindern gezeigt und eine endlose Kette von Mord, Ehebruch, Verrat und Leid nach sich gezogen. Die Menschen leben außerhalb des göttlichen Gesetzes. Sie haben sich in keiner Weise darum bemüht, seinen Willen ausfindig zu machen und zu erfüllen. Sie gehorchen ihren eigenen Trieben. Wenn sie dann aber plötzlich die Frucht ihrer Unfolgsamkeit ernten und sich in Leid gestürzt sehen, erinnern sie sich an Gott und machen Ihn für das verantwortlich, was sie selbst verursacht haben. Dafür ist unsere Zeit ein Musterbeispiel. Sie haben sich dem Leben Gottes entfremdet, weil Unwissenheit in ihnen herrscht, weil ihr Herz verstockt ist (Eph 3,18); durch den schlechten Gebrauch unserer Freiheit befinden wir uns darum in Schwierigkeiten, mit denen wir einfach nicht fertig werden. Ein Blick auf die stetig steigende Zahl von Selbstmorden genügt, um die Not unserer Mitmenschen zu verstehen und zu begreifen, daß ein Retter notwendig ist, der uns von diesem Fluch der Sünde und des Todes erlöst.

Wenn Sünde und Verletzung eng zusammenhängen, dann gilt das auch für die Bekehrung und die Heilung. Das heißt, jedesmal, wenn wir dem Herrn von ganzem Herzen anhängen und uns entschließen, Ihm unter allen Umständen zu folgen, kommt es in uns zwangsläufig zu einer inneren Wandlung, einer seelischen und zuweilen sogar einer körperlichen Heilung.

Man muß sich jedoch vor solchen leichtfertigen Verkürzungen bestimmter Fundamentalisten hüten, wie sie die folgende Geschichte veranschaulicht:

Arnold und Evelyne Brémond waren Pastoren in der Ardèche, in diesem glühenden Landstrich des Vivarais. Eines ihrer Schäfchen war zu den Pfingstlern übergetreten und hörte nicht auf, neue Anhänger zu gewinnen, indem sie verkündigte, wenn jemand nicht geheilt sei, dann aufgrund fehlenden Glaubens. Worauf Evelyne zu ihr sagte: «Und der heilige Paulus? Gott hat ihm doch einen Stachel im Fleisch belassen.» Darauf schlagfertig die Bäuerin: «Bin ich etwa schuld, wenn der heilige Paulus nicht genug Glauben hatte?»

Durch die Taufe sind wir Kinder Gottes geworden, wir sind von der Vaterschaft dem Fleisch nach zur Vaterschaft Gottes hinübergewechselt, von der Abhängigkeit von den Menschen zur Abhängigkeit von Gott. Jedoch ist die Taufe keinesfalls etwas Magisches oder eine bloße Formsache zum Eintritt in die Familie. Ein ganzes Leben ist nötig, um sie voll auszuschöpfen, um unser ganzes Erbe der Gotteskinder entgegenzunehmen.

Alle nämlich, die sich vom Geist Gottes leiten lassen, sind Söhne Gottes. Ihr habt doch nicht den Geist der Knechtschaft empfangen, daß ihr euch wieder fürchten müßtet, sondern ihr habt den Geist der Sohnschaft empfangen, in dem wir rufen: «Abba, lieber Vater» (Röm 8,14-15).

Der Übergang von der Knechtschaft zur Freiheit, von der Furcht zum Vertrauen geschieht durch die Anerkennung des Vaters; auf diese Weise erkennen wir an, von Ihm das Erbe zu empfangen.

So bist du nicht mehr Sklave, sondern Sohn; wenn aber Sohn, dann auch Erbe durch Gott (Gal 4,7).

Wir sind nach dem Bilde Gottes geschaffen, um dieselben Vorrechte zu genießen, und es wird erst Ruhe für uns geben, wenn wir in den Besitz alles dessen gelangt sind, was Er uns zugedacht hat.

Alles was mein ist, ist auch dein, sagt der Vater zu dem älteren Sohn (vgl. Lk 15,31).

Gott leidet darunter, uns an allem vorbeigehen zu sehen, was Er von aller Ewigkeit her für uns vorgesehen hat und was unser Glück bedeuten würde.

Unser tiefstes Wesen wird nicht in einem einzigen Augenblick geheilt; es ist ein langer Weg, den wir mutig, vertrauensvoll und ausdauernd beschreiten müssen. Wenn die Hebräer vierzig Jahre bis zur Ankunft im Gelobten Land brauchten, müssen wir uns sagen, daß wir nicht sofort und auf der Stelle in den Blick Gottes gelangen können, daß wir nicht sofort Söhne und Töchter des Allerhöchsten werden und die herrliche Freiheit der Kinder Gottes verkosten.

Die Freiheit muß jeden Tag neu erobert werden.

2.

Im Blick des Vaters

Wieder zum Kind werden

Wer nicht von oben her geboren wird, kann das Reich Gottes nicht schauen (Jh 3,3).

Um schon jetzt das Leben der zukünftigen Welt zu leben, ist solch eine neue Geburt, die Notwendigkeit, wieder zum Kind zu werden, unerläßlich. Ein Kind ist in der Tat jemand, der ganz in Abhängigkeit von seinem Vater lebt und außerhalb seines Blickes nicht glücklich sein kann. Wie gelangen wir aber in die Fülle unserer Berufung zum Kind Gottes, zum geliebten Sohn oder zur geliebten Tochter des Vaters im Himmel?

Das Kind lebt und wächst in dem Blick des Vaters und der Mutter auf. Solange es klein ist, lassen sie es nicht aus den Augen und sind bei der geringsten Gefahr bereit einzugreifen. Dieser liebende Blick gibt ihm Sicherheit. Es weiß, daß es kommen und gehen kann, wie es will. Es weiß, es spürt, daß Vater oder Mutter ihm mit den Augen folgen, und wenn es die geringste Unaufmerksamkeit bei ihnen feststellt, ruft es ihnen ständig «Papa, Mama, schaut doch!» zu.

Dieser liebende Blick baut es auf, beruhigt es und gibt ihm Selbstvertrauen und den Mut und die Kraft, seine Furcht zu überwinden und Hindernisse zu bewältigen.

Weil Papa es gesagt hat, kann das Kind es auch tun, da braucht man gar nicht zu zögern. Und schon zeigt der kleine Mann, was er kann, und ist sehr stolz, die Bewunderung seiner Eltern zu erringen. Was täte er nicht alles, um sie staunen zu lassen und ihre Ausrufe und ihr Lachen zu hören!

Man ahnt alle die Verletzungen in der frühen Kindheit, in dem verletzten und verletzenden Blick unserer Eltern auf uns. Claire hat es erlebt:

> Schon immer war ich überzeugt, daß das, was ich in der Familie mitmachte, nicht normal war. Die Liebe war dort zu verletzt, und wahre Liebe habe ich nicht kennengelernt. Bei Exerzitien bekam ich die Gewißheit, daß man schon hier auf Erden ein anderes Leben führen konnte, als ich es kannte, ein Leben in Frieden und Glück. Daraufhin kam mir wieder in den Sinn, was ich als Kind über das Glaubensleben gedacht hatte. Es war völlig ins Vergessen geraten. Zugleich mit jener schönen Antwort tauchte auch die Frage meiner Berufung wieder auf.

> Erst nach und nach wurde mir das Vorhandensein meiner Verletzungen klar. Das war nicht einfach, und Ausdruck für ein anderes, tieferes und unnennbares Leiden. Die von den Selbstmorddrohungen meines Vaters und also von seinem Tod ausgehende Furcht hatte mich gebunden. Allmählich erkannte ich, daß er krank war, doch gibt es Dinge, die man nicht so schnell erfassen kann, besonders, wenn es die Eltern betrifft. So hatte mein Vater auf seine Tochter eine eheliche und keine kindliche Beziehung übertragen, und darum

wurde es für mich schwierig, kindlich zu vertrauen. Ich habe so etwas wie den Verrat an der Liebe erlebt. Am meisten wurde davon meine Fähigkeit, Frau und Ehefrau zu sein, dauerhaft betroffen. Ich kann nicht sagen, bis zu welchem Punkt sich die Zuneigung zu meinem Vater — als Kind habe ich ihn sehr geliebt — erst ahnungsweise, dann klar ausgedrückt, in Haß verwandelte. Vergebung, Geduld und Gebet haben meine Sicht von ihm dann verändert. Er ist krank, aber Gott liebt ihn mit ganz besonderer Liebe. Selbst wenn diese Kranken ihre Umgebung sehr leiden lassen, wird man ihre Angst und ihr Leid nie ausdrücken können.

Es gibt Verletzungen im Leben, die sich nicht wieder gutmachen lassen. Darum möchte man die Dinge unbedingt in den Griff bekommen oder sie wieder einrenken. Doch die einzige Lösung ist, die Dinge mit ihren Folgen anzunehmen und alles der Barmherzigkeit des Herrn darzubieten, der die Geheimnisse der Herzen kennt. Ein großer Teil meiner Auflehnung bestand darin, endlich zu bekommen, was ich bis dahin nicht erhalten hatte. Ich habe lange gebraucht, um das anzunehmen, und kann bezeugen, daß der Empfang von Christi Leib und Blut in den Augenblicken der Prüfung und der stärksten Zweifel mir viel Kraft gaben und geben.

Gott hat so viele Reichtümer in uns gelegt, die von den Blicken ohne Hoffnung dann erstickt wurden. Wie viele Mozarts sind auf diese Weise ermordet worden?

Der Jugendliche und die Furcht vor dem Blick der anderen

Das Kind hat keinen Blick für sich selbst; das gibt ihm seine Unschuld. Es sieht sich im Blick der Eltern. Wenn es größer wird, bemerkt es den Blick der anderen auf sich selbst, der sehr viel unnachsichtiger ist als bei seinen Eltern. Er ist manchmal sogar erbarmungslos. Es genügt zu sehen, wie grausam Kinder untereinander sein können! Nach und nach sieht es sich mit dem Blick der anderen und macht ihn sich zu eigen. Dann weiß es nicht mehr, wer es ist; es ist nicht mehr frei.

In diesem Augenblick entstehen Komplexe. Der Jugendliche schämt sich seiner selbst und seiner Familie, er möchte jemand anders sein, verbirgt sich in einem übergroßen Pullover, hinter einer Haarsträhne oder einer überlegenen Mine. Es fällt ihm schwer, sich so anzunehmen, wie er ist, und versucht, dem Bild zu entsprechen, von dem er wollte, daß es die anderen von ihm hätten. Oder er versucht, sich der Allgemeinheit anzupassen, um nicht aufzufallen und in Ruhe gelassen zu werden.

Es stimmt, daß dieser Abschnitt der Jugend eine Prüfung ist. Der Leib verändert sich, das selbstwerkgefühl wird ein anderes. Man ist vollkommen verwirrt und verunsichert, daß man nicht mehr den wohlwollenden Blick der Eltern auf sich fühlt und sich der feindseligen Umgebung stellen muß, während man noch gar nicht weiß, wer man eigentlich ist.

Ganz schlimm ist, daß man über diesen Abschnitt meistens nicht hinauskommt. Sein Leben lang bleibt man ein Gefangener des Blicks der anderen. Die Auswahl und die wichtigsten Entscheidungen werden in Abhängigkeit von den anderen getroffen. Denn man will keinesfalls Gefahr laufen, jemandem Schmerz zu bereiten oder Anstoß zu erregen. Man will auch nicht auf Unverständnis stoßen. Das alles lähmt, oder es führt zu einem extremistischen, rein reaktiven Verhalten, das dem wahren Wesen dieses Menschen gar nicht entspricht und ihn unzufrieden und unglücklich macht. Diese Furcht davor, was die anderen denken werden, die Furcht, nicht verstanden zu werden oder daß die Worte oder Taten falsch aufgefaßt werden könnten, macht ihn vollkommen unfruchtbar. Einige beantworten eine solche Unterdrükkung durch den Blick der anderen mit Angriffslust und finden ein übles Gefallen daran, Ärgernis zu erregen. Damit wollen sie beweisen, daß sie über den Dingen stehen; trotzdem ist ihr Handeln nicht frei und befreiend.

Bei anderen ist es der eigene Blick, der sie verdammt und lahmlegt. Sie gehen schrecklich mit sich um, sie haben keinerlei Nachsicht mit ihrer Schwäche. In Wirklichkeit sind sie ärgerlich, daß sie nicht vollkommen sind. Ihr Minderwertigkeitsgefühl ist nichts anderes als verborgener Stolz, der uneingestandene Wunsch, bedeutend zu sein, um anerkannt oder einfach nur geliebt zu werden.

Der Wunsch, geliebt zu werden, ist der geheime, unbewußte Antrieb unseres gesamten Tuns.

Es ist kein Zufall, daß das zweite Gebot Christi von uns verlangt, unseren Nächsten zu lieben wie uns selbst; denn wir haben es furchtbar schwer, uns so zu lieben, wie wir sind. Nun können wir den anderen aber nur dann annehmen, wenn wir uns selbst annehmen und wenn wir Gottes Blick auf uns angenommen und seine Liebe entgegengenommen haben.

Dies bezeugt auch Pascale:

> Ich habe meine Kindheit in Furcht verbracht, ich war von meiner Zwillingsschwester verletzt, die mich auf allen Gebieten überflügelte und erdrückte. Ich hatte eine sehr schwache Gesundheit und war in meiner Jugend eigentlich ein halber Junge. Ich spielte lieber Jungenspiele. Die Jahre im Internat haben nichts daran geändert, im Gegenteil, und ich konnte meine Weiblichkeit nur schwer annehmen (immer in Hosen; nie konnte ich Röcke tragen). Ich war krankhaft schüchtern, überempfindlich, gefühlsbetont bis zum Äußersten, kurzum, mir war nicht wohl in meiner Haut. Stets wollte ich woanders sein, als dort, wo ich gerade war. Meine Laune wechselte schnell, vor allem mit dem Wetter.
>
> Im Jahre 1981 hat sich mir der Herr sehr stark bezeugt. Das war am Vorabend von Ostern, in einem Gespräch mit einer Freundin (und nachdem ich die Kirche schon jahrelang links liegengelassen hatte). Plötzlich erfüllte großer Friede und Freude mein Herz, und alles wurde anders. Am nächsten Tag gab ich meine Hosen endgültig auf und zog einen Rock an. Meine Schüchternheit war sofort geheilt. Auch keine Komplexe mehr: Ich fühlte mich dermaßen geliebt von Gott, daß alles in mir geheilt war. Ich fühlte mich nun als Frau und auch glücklich darüber, glücklich, dort zu sein, wo ich war, geheilt von der ständigen Unausgewogenheit, der übermäßigen Gefühlsbetontheit und Überempfindlichkeit. Ich danke dem Herrn für diese neue Geburt, die er in mir bewirkt hat.
>
> Von da an fühlte ich mich dermaßen von Gott geliebt, daß alles andere nebensächlich geworden ist. Der Herr hat in mir das Bedürfnis entwickelt, Leben zu schenken: Ich adoptierte Kinder, nahm seinem Herzen entsprechend verletzte Menschen auf und schenkte auch neues Leben im Glauben.

Früher machte ich tausend Sachen, was nur eine Flucht, ein Entkommen war (übermäßiges Skilaufen und Surfen). Heute bin ich viel glücklicher, als ich mir je hätte vorstellen können, ich bin die glücklichste aller Frauen und will nur noch nach dem Plan Gottes leben.

Es gibt nur wenige wahrhaft freie Wesen, Wesen, die vom Blick der anderen befreit sind, sei es nun in der Art ihrer Kindererziehung, in ihren sozialen Beziehungen, der Arbeit oder der Freizeit.

Wieviele Frauen wurden nicht von ihrer Umgebung zur Abtreibung gedrängt?

Wieviele Mädchen haben nicht ihre Jungfräulichkeit geopfert, um so zu sein wie alle?

Man muß nur einmal am Ausgang eines Gymnasiums stehen, um festzustellen, wie wenig eigenständig die Jugendlichen sich kleiden und wie sehr sie Gefangene ihrer Uniform sind.

Man braucht viel Mut, besonders als Frau, um sich der Verachtung der anderen zu stellen, die einen für rückständig halten oder wie ein seltenes Tier anstarren, wenn man so unvorsichtig ist, sich nicht kopfüber in die gängigen Meinungen zu stürzen.

Die großartige Freiheit der Kinder Gottes

Und dennoch sind wir zu der *wunderbaren Freiheit der Kinder Gottes berufen* (vgl. Rö 8,21). Doch hat diese Freiheit nichts mit der Unabhängigkeit oder Freiheit der wilden Tiere zu tun, die darin besteht, zu tun, was man will und wann und wie man will.

Wir müssen nichts weiter tun, als in Gottes Blick zu treten, uns in den Blick des Vaters zu stellen und ihm zu unterstellen.

Denn Gott unser Vater liebt uns.

Nie läßt Er sich von unseren Sünden entmutigen.

Nie stempelt Er uns ab.

Er kennt uns so, wie wir sind, glaubt an uns und hofft auf uns.

Erst in seinem Blick finden wir unsere wahre Würde als Männer und Frauen und entdecken, wer wir sind und wozu wir berufen sind.

Sein Blick befreit uns von der Zwangsherrschaft des Geistes dieser Welt, die von den Medien so geschickt gehandhabt wird, indem sie das Gewissen fesseln und bei denen, die eine eigene Meinung zu haben wagen, Schuldgefühle erzeugen.

Gottes Blick ist voller Hoffnung.

Er hält uns nicht in unseren Grenzen fest. Er macht uns offen für alles.

Nur Er befreit uns von allen anderen Blicken, von all dem, was die anderen von uns erwarten. Gott gibt sich keiner Täuschung über uns hin; Er weiß, daß wir zu dem Schlimmsten fähig sind. Aber seine Hoffnung gibt uns die Kraft, daß auch wir glauben, zuallererst zu dem Besten geschaffen zu sein.

Mehr noch als der Mann ist die Frau dafür empfänglich, wie sie von den anderen angesehen wird. Sie braucht Anerkennung, das Gefühl, zu gefallen, und Bewunderung: Im Grunde möchte sie geliebt werden. Vielleicht sehnt sie sich nach der ersten Bewunderung des Mannes Adam für die Frau Eva, nach diesem Blick, der sie erst voll und ganz zur Frau und zum Glück des Mannes werden lassen würde. Doch der Sündenfall hat die Gnade in Schwachheit verwandelt, und diese Schwäche spielt ihr oft Streiche, weil sie sich von ihr zu Handlungen verleiten läßt, die sie erniedrigen und zur Sklavin der anderen machen, statt sie zu befreien. So beschränkt sie sich auf das Bild einer oberflächlichen und zum Objekt gewordenen Frau, das mit dem, wie sie eigentlich ist, gar nicht übereinstimmt; es stürzt sie in das Spiel der Verführung, um die Aufmerksamkeit auf sich zu ziehen und der Mittelpunkt der Welt zu sein, die allerschönste, allerklügste, auf jeden Fall die aller... Doch bei diesem an sich berechtigten Streben verliert sie leider ihre wahre Persönlichkeit. Denn wenn sie allen gefallen möchte, verzettelt sie sich und verliert ihren Reiz; sie weiß gar nicht mehr, wofür sie in Wirklichkeit geschaffen ist und welchen Ruf, welche Berufung und Sendung sie eigentlich hat.

Es kommt ohne eine besondere Gnade selten vor, daß eine Frau ein gutes Bild von sich hat und sich in ihrer Haut wohlfühlt. Sogar die scheinbar Selbstsichersten verbergen hinter einer Maske oft ein tiefes Unbehagen am Dasein, das sie nicht zugeben wollen.

Analyse oder Kontemplation

Um diesem inneren Unbehagen zu entkommen, müssen zwei Fallen vermieden werden: einerseits die Vogel-Strauß-Politik, die die Probleme um keinen Preis sehen möchte und daher alles tut, um sie zu vergessen; andererseits die Selbstanalyse, die uns in «Nabelschau» verstrickt und unsere Kräfte aufzehrt. Sie läßt uns ununterbrochen die Probleme von allen Seiten betrachten, ohne jemals herauszukommen. Aber nicht die Analyse lehrt uns unsere inneren Vorgänge begreifen; es bedarf einer richtigen Askese, um zu lernen, uns selbst wegzusehen und uns in den Blick Gottes zu stellen, damit wir entdekken, wer wir sind. Da es unserem natürlichen Bestreben entspricht, auf uns selbst zu schauen, müssen wir uns unablässig Gott zuwenden und von Ihm anschauen lassen. Man findet sich nur, wenn man sich vergißt. Sein Blick heilt uns. Er allein kann in unser Inneres eindringen, ohne uns zu verletzen. Er allein kann unsere Armut bloßlegen, ohne daß wir verzweifeln. Es ist seine Liebe, die uns rettet.

Mein Blick macht dich rein

Was mich betrifft, ich war sehr perfektionistisch, wie viele Jugendliche und Frauen, die ihr Leben schließlich dadurch verderben, daß sie einem unerreichbaren Ideal nachstreben. Angesichts der Tatsache, daß ich dem Bild überhaupt nicht entsprach, das ich von mir selbst hatte, wurde ich vollkommen mutlos. Ich kam mir sehr kümmerlich vor. Ich dachte, ich müßte erst sehr alt werden, bevor der Herr es schaffte, sein Werk in mir zu vollbringen. Ich strebte nach dem Absoluten und ließ mich entmutigen von meiner Mittelmäßigkeit. Bis zu dem Tag, an dem ich wieder einmal meine Unfähigkeit zu jeder Tugend feststellen mußte und in meinem Herzen den folgenden Satz vernahm: «Mein Blick macht dich rein.»

Im selben Augenblick habe ich verstanden, daß ich mit meiner eigenen Kraft und mit meinem Willen nichts erreichen kann. Ich brauchte mich nur unter die Augen Gottes zu stellen, den Blick immerfort von mir selbst abzuwenden und ihn in Gott zu versenken.

Ich begriff, daß ich einzigartig war und geliebt wurde.

Ich wurde so geliebt, wie ich war, in meiner Armut und Mittelmäßigkeit. Er hatte nicht abgewartet, bis ich vollkommen wäre, um mich seine Fülle kosten zu lassen und mir all seine Liebe zu schenken.

Zugleich erfaßte ich den ganzen damit verbundenen Anspruch. Er sagte nicht: «Alles in Ordnung; ich liebe dich so, wie du bist, du brauchst dich nicht zu ändern.» Nein, Er zog mich in Überwindung meiner Grenzen an sich, weil sein Blick ein Blick voller Hoffnung ist. Er begrenzte mich nicht auf die Art, wie ich war, wie es die Blicke der Menschen an sich haben können, die einen auf der Stelle festnageln; sie begrenzen dich auf die Gegenwart und machen dich dadurch unfruchtbar, daß sie dich in eine Schublade stecken, aus der du dein Leben lang nicht mehr herauskommst.

Seine Liebe weckte in mir den Wunsch, mich zu ändern.

Ich erfuhr, daß Er alles in mir tun konnte.

Er brauchte dazu nur mein Ja, mein volles, unbedingtes Vertrauen und meine Unterwerfung unter seinen gütigen Willen.

Im übrigen brauchte ich mich nur hinzugeben, Ihm, der durch die Kraft seines in uns wirkenden Heiligen Geistes überschwenglich mehr zu tun vermag als alles, was wir uns vorstellen oder ausdenken können (Eph 3,20).

Gottes Vorstellung von unserer Berufung geht unendlich weit über unsere eigene Vorstellung hinaus. Wir haben eine beschränkte Sicht von uns selbst; wir wissen ungefähr, was wir geben können und besonders, was wir nicht geben können. Aber Gott sieht viel weiter und will viel mehr, unendlich viel mehr tun, als wir uns vorstellen oder ausdenken können. Er kann es tun, aber wir müssen das auch glauben. Es ist unser Mangel an Glauben, der Gottes Arm in unserem Leben lähmt.

Dieses Wort habe ich sehr lange in mir bewahrt; es bestärkte mich in der Gewißheit, daß *der Samen, wenn der Sämann ihn ausgesät hat und nun schläft oder wacht, aufgeht und emporwächst, ohne daß er weiß, wie* (vgl. Mk 4,27), bis er zu einem großen Baum geworden ist.

Noch ein anderes Wort beschäftigte mich zu der Zeit:

Wir alle aber, die wir mit unverhülltem Angesicht die Herrlichkeit des Herrn widerspiegeln, werden in das gleiche Bild verwandelt von Herrlichkeit zu Herrlichkeit, wie es vom Herrn aus geschieht, der Geist ist (2 Kor 3,18).

Ich begriff, daß das Betrachten meines Elends nur in die Sackgasse führen konnte, zu Mutlosigkeit und sogar zur Verzweiflung. Die psychologische Analyse war eine Versuchung, der man jedoch selbst unter dem Vorwand der Selbsterkenntnis nicht erliegen durfte. Sogar wenn sie einiges über den Ablauf der inneren Vorgänge erkennen ließ, war sie doch weit davon entfernt, ein Heilmittel zur Lösung unserer Widersprüche zu sein.

Es gab einen schnelleren, sichereren Weg zum Glück, und zwar, nicht auf sich selbst zu schauen, sondern sich von Gott unserem Vater ansehen zu lassen und sich in seinem Blick, der nur Liebe und Zärtlichkeit ist, selbst zu finden.

Die Lösung bestand in der Betrachtung des Antlitzes Jesu, in der Anbetung dessen, der das Leben und das Sein schlechthin ist:

Wer Ihn anblickt, wird strahlen vor Freude (Ps 34,6).

Es liegt auf der Hand, daß ich dabei nicht von einem Zauberstab berührt worden bin, der mich im Nu verwandelt hätte; es gibt «Gelobte Länder», die in harten Kämpfen erobert werden müssen.

Oft bildet man sich ein, daß schon alles in Ordnung sei, wenn man diesen psychologischen Vorgang oder jene geistliche Tatsache verstanden hat, und man sei am Ziel. Wie groß ist aber unsere Enttäuschung, wenn beim ersten Widerspruch derselbe kleine Fehler wieder auftaucht und zu derselben Reaktion führt. Dann flüstert der Feind uns zu: «Da siehst du wieder, du änderst dich nie! Und jetzt schaffst du es schon gar nicht! Du wirst immer so bleiben!»

Mehr brauchen wir nicht, um überzeugt zu sein, daß es unnütz ist, es zu versuchen und sich sinnlos zu erschöpfen, weil es eben doch nichts bringt.

An wievielen Gnaden sind wir vorbeigegangen, die Gott uns so gern gegeben hätte!

3.

Die Zeit des Glaubens oder die vertrauensvolle Unterwerfung

Kinder Gottes durch den Glauben

Denn in Jesus Christus seid ihr alle Kinder Gottes durch den Glauben (Gal 3,26).

Wenn wir durch den liebenden Blick des Vaters von dem Blick der anderen befreit sind und uns als Söhne und Töchter Gottes erkennen, müssen wir es in einem Leben aus dem Glauben auch werden.

In eben demselben Augenblick, in dem wir nahe daran sind, der Mutlosigkeit zu unterliegen, müssen wir uns sofort unter den Blick Gottes stellen, statt uns in der unfruchtbaren Betrachtung unserer Unfähigkeit zu ergehen. Sein Blick hebt uns wieder auf, weil Er unverändert uns vertraut, an uns glaubt, auf uns hofft und uns sogar dann liebt, wenn wir uns am wenigsten liebenswert finden.

Der heilige Johannes sagt uns: *Wir lieben ihn, weil er uns zuerst geliebt hat* (1 Jh 4,19). Wir können sagen, daß wir an Ihn glauben, weil Er zuerst an uns glaubt, und wir hoffen auf Ihn, weil Er zuerst auf uns hofft.

Er sagt weiter: *Darin besteht die freudige Zuversicht vor Gott, daß er auf uns hört, wenn wir nach seinem Willen um etwas bitten. Und wenn wir wissen, daß er bei all unseren Bitten auf uns hört, dann wissen wir auch, daß wir das von ihm Erbetene bereits besitzen* (1 Jh 5,14-15).

Unser Unglück ist, daß wir zutiefst in unserem Innern Gott nicht untertan sind. Wir glauben nicht, daß Er uns erhören kann, und wir glauben nicht, daß Er uns verändern kann. Im übrigen wissen wir nicht, was seinem Willen entspricht.

Was seinem Willen entspricht, das hat Er uns aber in seinem Wort verheißen, denn seine Verheißungen sind wahr, und was Gott für uns will, das ist das Glück: Leben in Fülle, Friede über alles Verstehen, vollkommene Freude.

Ein solches Glück kann man jedoch erst nach vielen Entäußerungen genießen; denn alle unsere falschen Auffassungen von dem, was uns glücklich machen könnte, hindern uns daran, das zu empfangen, was der Herr uns gern geben würde.

Glücklicherweise erhört Gott nicht alle unsere Gebete! Er ist nicht da, um unsere Launen zufriedenzustellen und unseren Eigenwillen gutzuheißen. Er erzieht uns wie ein Vater, der Zärtlichkeit mit Anspruch zu vereinen weiß. Wenn es aber unser Wunsch ist, wirklich seinen Willen zu tun, haben wir die Zusicherung, daß Er uns unsere Bitte nicht abschlagen kann.

Glaubt an Gott

Wahrlich, ich sage euch: Wer zu dem Berge da spricht: Hebe dich weg und wirf dich ins Meer, und in seinem Herzen nicht zweifelt, sondern glaubt, daß das, was er ausspricht, geschieht, dem wird es zuteil werden. Darum sage ich euch: Alles, um was ihr betet und bittet — glaubt, daß ihr es empfangen habt, und es wird euch zuteil werden (Mk 11,22-24).

Zwischen der Bitte und Gottes Antwort liegt die Zeit des Glaubens. Jetzt gilt es, im Licht Gottes in jenem «*Glaubt, daß ihr es empfangen habt*» zu verharren, bis «*es euch zuteil wird*».

Es nützt nichts, um etwas zu bitten, wenn man nicht gewiß ist, erhört zu werden. Es stimmt, daß Gottes Wege oft verwirrend sind; denn meistens muß Er uns zunächst ganz arm machen, bevor wir imstande sind, das Erbetene zu empfangen. Unser Becher ist sehr schmutzig, er ist voller Nichtigkeiten, und der Herr muß ihn erst reinigen, bevor Er ihn füllen kann. Wir sind oft verwirrt: Geschieht es doch, daß wir das Gegenteil von dem empfangen, worum wir gebeten haben, daß wir in dieselbe Schwäche zurückfallen, daß dieselbe Verletzung wieder hochkommt, wo wir Ihn um Heilung gebeten hatten. In diesem Augenblick zweifeln wir und geben uns auf, während dies doch die Stunde des Glaubenskampfes wäre, die Stunde, in der wir glauben müssen, daß der Samen aufkeimt und heranwächst, obgleich wir nichts sehen; und eines Tages sehen wir den Keim aus dem Boden sprießen und zu einem großen Baum werden.

In dieser Triebkraft des Glaubens kommt der Frau eine hervorragende Rolle zu. Denn wenn Gott der Vater sie als Tochter besonders zur Fürsprecherin für die

Menschheit bestimmt hat, so bestimmt Er sie in ihrer Ähnlichkeit mit Maria, der Mutter, auch zur Hüterin des Glaubens. Und weil sie vom Mädchen zur Frau und zur Mutter werden soll, bestimmt Er sie dazu, auf ihre Weise nach dem Vorbild Marias das Wort Gottes zu empfangen, damit es durch den Glauben in ihr Fleisch werde.

Man braucht in der Bibel nur die vielen Abschnitte zu lesen, in denen vom Glauben, von der Glaubenshaltung die Rede ist, um zu verstehen, wie wichtig es ist, daraus zu leben.

Als die Jünger zu Jesus kamen und ihn fragten: *Was sollen wir tun, um die Werke Gottes zu wirken?*, antwortete er: *Das ist das Werk Gottes, daß ihr an den glaubt, den jener gesandt hat (Jh 6,28-29).*

Man bildet sich ein, man müßte Außerordentliches leisten, um ein guter Diener Gottes zu sein. Dabei wird von uns nichts weiter verlangt, als an *den* zu glauben, den Gott uns gesandt hat, an sein Wort zu glauben, an seine Verheißungen und seine Liebe.

Dies zu begreifen führt dazu, daß die Mutlosigkeit auf Nimmerwiedersehen verschwindet und das Leben zu einem begeisternden Abenteuer wird.

Wer glaubt, vermag alles (Mk 9,23)

Unsere Aufsässigkeit gegenüber Gott macht uns unfähig, das zu empfangen, was Er uns geben möchte, und das ist Gottes großes Leid — Er möchte uns beschenken, wir aber bitten Ihn immerzu, ohne irgend etwas zu erhalten. Wir wollen am liebsten alles bekommen, und zwar auf der Stelle.

Die Frau ist dabei noch ungeduldiger als der Mann; sie kann nicht warten, und dadurch verzögert sie das Werk der göttlichen Vorsehung. Wir müssen lernen, zu empfangen und uns der Geduld des Vaters anzupassen. Er hat seine eigene Zeit und weiß in seiner Weisheit, warum Er nicht sofort antwortet. In dieser Wartezeit vollbringt Er sein Werk in uns, Er reinigt, verwandelt und einigt uns und macht uns immer fähiger zum Empfang seiner Gaben.

Wenn wir treu sind in den kleinen Dingen, wird der Herr uns große anvertrauen.

Es gibt aber gar keine kleinen Dinge. Denn Gott selbst ist da, der sich in diesem Augenblick ganz und gar mitteilt.

Wenn wir darin treu sind, Ihn in allem, was uns im Leben aufgegeben ist, zu finden, in den erhebenden Dingen wie in der Eintönigkeit des Opfers, dann kann Er in uns groß werden.

Wir müssen den Glauben in den einfachsten Kleinigkeiten des Lebens üben, wenn wir Gottes Güte, seine Väterlichkeit erfahren wollen. Oft bekundet Er sich sehr spürbar in unserem Leben und erspart uns damit manche unfruchtbare Beweisführung. Diese Erfahrung hat auch Angèle gemacht:

> Bevor wir die Gemeindeerneuerung kennenlernten, interessierte sich mein Mann sehr für die Lehre von der Wiedergeburt und für die Esoterik. Er hatte einige Bücher über Esoterik. Seit unserer Begegnung mit der Erneuerungsbewegung bewahrte er diese Bücher im Keller auf und las sie nicht mehr.

Schon lange litt mein Mann unter Schlaflosigkeit. Kein Mittel hat geholfen. Im vergangenen Jahr verbrachte er nach einem Gebetsabend, schon sehr müde, eine unglaublich unruhige Nacht. Ich konnte deswegen auch nicht schlafen, und weil ich in der Nacht nichts anderes zu tun hatte, habe ich gebetet. Das Buch «Die Macht des Lobpreises», das ich kurz zuvor gelesen hatte, brachte mich auf den Gedanken, den Herrn für diese Schlaflosigkeit zu preisen.

Während des Betens kam mir der Gedanke, daß die Bücher über die Wiedergeburt verbrannt werden müßten. Ich hätte es meinem Mann in dieser Nacht mehrmals beinahe gesagt. Aber irgendetwas hielt mich zurück. Also bat ich den Herrn, ihm irgend jemanden über den Weg zu schicken, der es ihm sagte, und betete die ganze Nacht weiter, während mein Mann sehr unruhig blieb.

Am nächsten Morgen beim Aufstehen sagte mein Mann: «Weißt du, was ich dringend tun muß? Die Bücher im Keller verbrennen.»

Diese Entscheidung von sich aus hatte ich ganz und gar nicht erwartet. Wie hatte er daran gedacht? Ich hatte kein einziges Wort gesagt, und er hatte diese Bücher mir gegenüber seit Monaten nicht erwähnt.

Ich war sprachlos.

Schließlich konnte ich aber doch sagen: «Danke, Herr, wie schnell du mich erhört hast!»

Später berichtete mir mein Mann, daß er beim Aufstehen auf diesen Gedanken gekommen sei. Bevor er es mir gesagt habe, hätte er den Herrn gefragt, ob Er selbst das von ihm verlange, oder ob es ein Einfall von ihm (meinem Mann) selbst sei.

Am selben Vormittag hat er alle seine Bücher über Esoterik verbrannt und in der folgenden Nacht sehr gut geschlafen.

Danke, Herr; du bist ein Vater, der unsere Gebete hört.

Je häufiger wir die Erfahrung machen, daß Er unsere Gebete hört, desto größer und kühner wird unser Vertrauen. Auf diese Weise können wir Fürsprecher für die anderen werden und durch den Glauben Gnaden auf sie herabziehen. In ihrer wachsenden Vertrautheit mit dem Herrn ist die Frau zu dieser Rolle der Fürsprecherin berufen, um die Ausgießung der Gnade für ihre Nächsten und zugleich für die gesamte Menschheit zu erlangen. Denn wenn sie auch ganz ebenso wie der Mann aus Gott stammt, so ist die Frau doch die vielgeliebte Tochter des Vaters, und so wie in einer Familie ein besonderes Einverständnis zwischen Vater und Tochter herrscht, kann sie bei Ihm alles erreichen.

Der Vater erwartet von uns ein kindliches Vertrauen, blindes, vollkommenes, unbedingtes Vertrauen.

Wenn du die Gabe Gottes kennen würdest! (Jh 4,10). Wenn wir wüßten, mit welcher Liebe Er uns liebt, würden wir alles von Ihm erwarten, wir würden für immer von der Furcht befreit sein, und nichts könnte uns von seiner Liebe scheiden!

Er will, daß wir in dieser Weise Söhne und Töchter sind; mehr als Diener, mehr als Freunde: Söhne und Töchter, von derselben Rasse, vom selben Blut, voll erbberechtigt. Das trifft sowohl auf den Mann wie auf die Frau zu. Genauso wie der Mann muß die Frau zu dieser Kindschaft zurückfinden, wenn sie sich mit sich selbst versöhnen will; sie muß sich außerdem bewußt werden, daß sie diese Kindschaft in anderer Weise leben muß. Ihre Beziehung zur Welt und zu Gott ist nicht die gleiche wie beim Mann, weil Gott sie als Frau gewollt hat und ihr eine eigene Berufung zusprach, die von Maria, der Tochter, Ehefrau und Mutter, zur Vollendung gebracht wurde.

Ehefrau

1.

Ein unendliches aber unerfülltes Liebesbedürfnis

Von der Tochter zur Ehefrau

Erst wenn aus dem Mädchen eine Frau geworden ist, das heißt wenn Leib, Herz und Seele hingabebereit sind, kann sie ein Dasein als Ehefrau in Betracht ziehen.

Psychologisch gesehen, ist es der Vater, der dem Kind hilft, über sich hinauszuwachsen und den mütterlichen Schutzraum zu verlassen, in dem es Sicherheit sucht; er ist es, der dem Kind Selbstvertrauen, Mut zum Kampf mit den Hindernissen und zum Eintritt in die Welt der Erwachsenen verleiht. Wenn er seine Aufgabe nicht erfüllt — weil er das Kind der überbehütenden Mutter überläßt oder mehr von ihm erwartet, als es geben kann, und ihm dann ständig seine Unfähigkeit vorhält —, wird sein Sohn nur schwer zum Mann werden, und seine Tochter bleibt ein «braves» oder aufsässiges kleines Mädchen, wird aber keine Frau.

Darum ist es für jeden so wichtig, jene echte Beziehung zu Gott dem Vater zu haben, die es, wie wir schon gesehen haben, jedem erlaubt, in Wahrheit, ohne

Komplexe oder Aggressivität, er selbst zu sein. Wenn das Mädchen nicht frei geworden ist, ist sie auch nicht wirklich bereit, Ehefrau zu werden. Wenn sie keinen Abstand zum Mann gewonnen hat, kann sie ihm kein wirkliches Gegenüber sein. Dann ist sie in der großen Gefahr, von dem kleinen gehorsamen Mädchen, das sich ihren Eltern zuliebe deren Erwartungen anpaßt, zu einer Ehefrau zu werden, die vollkommen von ihrem Mann abhängig ist. Was wird in einer solchen Beziehung aus ihrem unstillbaren Wunsch zu lieben?

Denn die Ehefrau ist diejenige, die liebt

Die Frau ist von Natur aus liebeshungrig. Sie hat wundervolle Gedanken über die Ehe und zwischenmenschliche Beziehungen und ist vollständig sprachlos, wenn die Wirklichkeit nicht so ist, wie sie es sich gedacht hatte. Darum muß sie die ihr von Gott gegebenen Quellen entdecken und sie in ihrer Berufung zum Frausein annehmen, damit sie ihre Berufung zur Ehefrau findet, die grundlegend für ihr Wesen ist.

Die Berufung der Frau ist wirklich etwas Wunderbares. Ehefrau zu sein heißt vor allem lieben. Heiraten bedeutet, aus sich selbst herauszugehen, um sich dem anderen zu schenken. Man kann aber nur geben, was man hat, was man ist; wenn unser Wesen nicht vollendet, vervollkommnet ist, wenn nicht Gottes Gegenwart darin wohnt, der dessen Fülle ausmacht, dann bleibt es ständig in der Haltung des Erwartens, und nicht des Gebens.

Nach Papst Johannes Paul II. besteht die wahre Würde der Person in der uneigennützigen Selbsthingabe an die anderen. Und ist unser ganzes Leben nicht eigentlich ein Liebesweg, der bei der Eigenliebe beginnt und bei der vollkommen uneigennützigen Liebe zum anderen ankommt, der Weg von der empfangenden zur gebenden Liebe? Er verläuft in Stufen, und wir sind aufgefordert, uns auf dieses Abenteuer der Liebe einzulassen, die tiefer, stärker und reiner wird bis hin zu dem höchsten Gipfel, wo man für die, die man liebt, sein Leben hingibt.

Es ist in jedem Abschnitt ein ständiges Voranschreiten als Tochter, Ehefrau und Mutter.

Die Tochter ist ganz darauf ausgerichtet, den Blick Gottes, die Liebe Gottes aufzunehmen; denn Er ist es, der Leben schenkt und das Wesen formt. Sobald es fest gegründet ist, kann es zu dem anderen in Beziehung treten, und schon zeichnet sich die Hingabe an den anderen ab.

Im Hohenlied lauten die ersten Worte der Geliebten: *Mein Geliebter gehört mir*, und es stimmt, wenn man dem geliebten Wesen begegnet, möchte man den Geliebten «für sich». Die Liebe ist zuerst einnehmend, man möchte alles an sich ziehen; doch wenn sie dann tiefer wird, heißt es: *Mein Geliebter gehört mir, und ich ihm* (Hld 2,16). Das ist geteilte Liebe; sie empfängt und schenkt. Von Stufe zu Stufe gelangt man so zu einer rein aufopfernden Liebe.

Es gehört wirklich zur Gnade der Frau, zu lieben. Verlangt wird dies aber von dem Mann, wie wir im Brief an die Epheser (5,25) sehen: *Ihr Männer, liebt eure Frauen*; noch nie aber sind die Frauen aufgefordert worden: «Liebt eure Männer.» Denn das versteht sich von selbst! Die Frau ist ihrem Wesen nach Liebe, sie ist ständig da, ständig gegenwärtig und wartet immer darauf.

Die Enttäuschung

Das Herz der Frau ist ein Abgrund; man kann es unendlich füllen. Lebt sie jedoch auf sich selbst bezogen, ist das ein großes Unglück, denn dann bleibt sie stets und ständig auf der Suche und sucht begierig die Liebe überall, wo sie sie zu finden glaubt.

Dieses nie erfüllte gefühlsmäßige Suchen kann sie schließlich in tiefe Enttäuschung, in eine wahre Identitätskrise stürzen. Und doch, nur wenn sie liebt, findet sie zur vollen Entfaltung, zieht sie Liebe auf sich und wird sie liebenswürdig. Alles in ihr ist geschaffen, um Liebe zu empfangen und zu schenken und deren Früchte zu ernten. Sie birgt in sich die ungewöhnlichste Kraft, die es gibt; aber nur zu oft verschwendet sie dieses Gut, wenn sie auf sich selbst bezogen bleibt und empfangen möchte, bevor sie gibt. So erstickt sie diese ihre kostbare Gabe.

Wie wird es der Ehefrau möglich, zu ihrem Mann die rechte Beziehung zu finden? Wie kann sie das unermeßliche Liebesbedürfnis in sich befriedigen, ohne sich selbst zu verlieren?

Wieder kann uns die Heilige Schrift als Führer dienen; denn hier legt Gott uns seine Geheimnisse dar und offenbart uns das Verborgene.

Der Garten Eden und der Sündenfall

Wenn wir auf die Genesis zurückkommen, so läßt sich nicht bestreiten, daß Mann und Frau füreinander geschaffen sind. Ohne die Frau war die Schöpfung noch nicht vollendet. Gott wollte eine Hilfe für Adam, ein Gegenüber, das ihm gleiche. Aber kein Geschöpf konnte ihm entsprechen. Also nahm Er Fleisch und Knochen von dem Mann selbst. Damit zeigte Er eine so große Abhängigkeit an, daß beide nur einer durch den anderen, in vollkommener Hingabe des einen an den anderen, zur Fülle ihres Wesens gelangen, bis sie nur noch eins sind.

Von daher versteht man, daß der Mann immer auf der Suche nach der Frau ist, so als suche er jenen Teil von sich selbst, der ihm bei der Schöpfung genommen wurde, und daß die Frau danach strebt, mit dem, von dem sie genommen wurde, vereint zu werden. Dies aber ohne Verschmelzung oder Verwirrung, denn das würde eine Rückkehr in den Schlaf Adams bedeuten.

Der Mann und die Frau waren im Garten Eden ständig mit Gott verbunden. Sie empfingen Liebe in Fülle, die die eigentliche Grundlage ihrer Einheit war und sie vollkommen glücklich machte.

Sie erkannten durch den Blick Gottes hindurch. Das war ein Erkennen mit dem Herzen. Man kennt in Wahrheit nur die, die man liebt.

Der biblische Sinn der Vereinigung von Mann und Frau wird durch das Wort «erkennen» wiedergegeben. Einander erkennen bedeutet, zusammen, und zwar einer durch den anderen, die Gabe des Lebens empfangen. Erkennen heißt, Herz und Verstand aufschließen für das Geheimnis, heißt sich öffnen für die Betrachtung der Werke Gottes.

Die Schlange jedoch war eifersüchtig auf ein solches Glück. Sie konnte es nicht ertragen, daß andere genießen durften, wovon sie selbst sich ausgeschlossen hatte, und säte darum Zweifel an Gottes Absichten in Evas Herz. Gott wolle ihr etwas vorenthalten, flüsterte sie ihr ein, als

Adam gerade nicht dabei war. So brachte sie den Zweifel am Wort Gottes ins Spiel:

«Ihr werdet nicht sterben! Vielmehr weiß Gott, daß euch an dem Tag, an dem ihr davon esset, die Augen aufgehen und ihr sein werdet wie Götter, die Gutes und Böses erkennen» (Gn 3,5).

Dieses göttliche Wort, das Leben ist und Leben schenkt, das wollte sie dadurch unwirksam machen, daß sie die Frau zum Zweifeln brachte. Man fragt sich, wo Adam in diesem Augenblick gesteckt hat!

Als Eva von dem Baum der Erkenntnis des Guten und des Bösen aß, wollte sie von sich aus Erkenntnis gewinnen, an Gott vorbei und ohne Adam zu Rate zu ziehen. Dadurch, daß sie sich der Unterordnung entzog, sich von dem Blick Gottes trennte, schnitt sie sich von der Quelle der Liebe ab, von der Quelle des Lebens, von dem, was für sie die Fülle bedeutete. Die unmittelbare Folge davon war, daß sie das ewige Leben verlor. Ursprünglich unsterblich, waren sie nun sterblich geworden.

Gott hatte recht gehabt!

Von der Durchsichtigkeit zur Undurchsichtigkeit

Der *Midrasch* lehrt, Adam und Eva seien vor dem Sündenfall mit Gewändern aus Licht *(kot'not or)* bekleidet gewesen. Sie waren durchsichtig für Gott und auch füreinander, ohne Geheimnis oder Hintergedanken in der Unschuld derer, denen das Böse fremd ist.

Nach dem Sündenfall aber machte Gott ihnen Gewänder aus Fell *(kot'not or)* und bekleidete sie damit. Die

Worte Licht und Fell werden beide wie *or* ausgesprochen, aber verschieden geschrieben: der Buchstabe *Aleph* in dem Wort Licht, mit dem Zahlenwert 1, hat sich in dem Wort Fell in *Ajin* mit dem Zahlenwert 70 verwandelt: Die ursprüngliche Einheit ist zur Vielheit geworden, die Einfachheit zur Vielschichtigkeit, die Verbundenheit zur Trennung. Auf diese Weise wurde die Beziehung zwischen Mann und Frau für immer gestört, die nun von einer frei geschenkten, wunderbaren Gottesgabe zum Gegenstand endloser Kämpfe wurde.

«Die Eintracht zwischen zwei Individuen ist niemals schon vorhanden, sie muß ständig erkämpft werden», stellte Simone de Beauvoir fest.

Dieser Übergang von der Durchsichtigkeit des Lichts zur Undurchsichtigkeit des Fells hatte zur Folge, daß die Verbundenheit zwischen Mann und Frau stets neu erkämpft werden muß und sich ein Mißklang zwischen den beiden eingestellt hat; denn eigentlich war Gott ihre Einheit und bewirkte ihre wunderbare Eintracht untereinander.

Als sie nun Furcht vor Gott hatten, entzogen sie sich seinem Blick und standen einander von Angesicht zu Angesicht gegenüber. Der Mann war nun nicht mehr voller Staunen, sondern voller Vorwürfe und mißtraute der Frau von da an wie einer, die ihn zu Fall bringen kann. Aber er blieb auch weiter ständig auf der Suche nach diesem staunenswerten Wesen, das Gott ihm bestimmt hatte. Was die Frau angeht, so hat sie sich dem Mann zugewandt; sie richtet auf ihn ihre ganze Erwartung, die aber kein Mann je würde befriedigen können. Aufgrund der Schwachheit, die sie gerade an sich erfahren hatte, machte diese Erwartung sie dafür anfällig, sich gegen ihren Willen beherrschen zu lassen, und den Mann machte sie anfällig dafür, aus seiner Kraft einen Vorteil zu ziehen.

So hat der Bruch mit Gott zu einem Herrschaftsverhältnis zwischen Mann und Frau geführt.

Von der Beherrschung zur Unterordnung

Wenn die zwischenmenschlichen Beziehungen nicht mehr von der göttlichen Liebe, sondern von Mißtrauen und Furcht bestimmt werden, bleibt als Ausweg nur die Herrschaft über den anderen.

Die Frau hat denselben Wunsch zu herrschen wie der Mann. Da sie als die von Natur aus Schwächere dies aber nicht durch Kraft vermag, herrscht sie vielmehr mit List. Mit List erreicht sie ihre Ziele, und zwar bewußt oder unbewußt, und wenn sie ihre Tatkraft nicht dazu einsetzt, jene Hilfe zu sein, die Gott für den Mann gewollt hat, sondern für sich arbeitet, kann sie zerstörend wirken. Und sie kann zuweilen mit den besten Absichten der Welt den anderen am Leben hindern. Das wird an dem folgenden Zeugnis deutlich:

> Es fiel mir sehr schwer zuzugeben, daß ich Joel auch nur im geringsten beherrschte. Ich liebte ihn, das ist sicher. Warum hätte ich ihn beherrschen sollen, wo ich doch eine Menge guter Eigenschaften bei ihm anerkannte: er war beständig, nachdenklich, ausgeglichen, treu, gepflegt, humorvoll usw.
>
> Bis Freunde uns eines Tages vorschlugen, unsere Beziehung einmal auf Gebiete mit Konkurrenz zu untersuchen. Ich bezweifelte das und fand es zunächst unsinnig.

Allerdings — und das war nur zu deutlich — mußte ich mir eingestehen, daß ich glaubte, besser reden zu können als Joel, schneller und leichter als er. Er schien nach Worten zu suchen, erwog sekundenlang eine angemessene, ausgewogene und differenzierte Antwort, und das brachte mich zum Kochen. Was mich dazu trieb, das Wort zu ergreifen, selbst wenn er angesprochen worden war, dazwischenzureden, wenn er zu langsam war, und richtigzustellen, was er endlich herausgebracht hatte.

Hinzu kam, daß ich mir zwei schlechte Eigenschaften angewöhnt hatte, weil man sich nicht auf ihn verlassen konnte, wenn es um Vornamen, Daten und vereinbarte Treffpunkte ging: Ich überprüfte alles, was er am Telefon sagte, um sicherzugehen, daß er nichts vergessen habe, ich flüsterte ihm zu, was er außerdem noch sagen sollte. Darüberhinaus schrieb ich auf meinem Notizblock alle Verabredungen auf, setzte sie selbst fest und verfügte so über seine Zeit, ohne nachzufragen, ob er einverstanden sei oder überhaupt Zeit habe.
Bei den Vornamen verließ er sich auf mich, daran erinnert zu werden, wenn wir die Familie oder Freunde besuchten.
So hatte ich ihm unbewußt die Verantwortung entzogen, jedenfalls in diesen Dingen, und zwar ganz offen.

Schließlich ist da ein Bereich, in dem die Frau wirklich Macht besitzt: in den sexuellen Beziehungen des Ehepaares. Diese Macht habe ich aus Furcht, Unwissenheit oder Lustlosigkeit lange Zeit ausgeübt, und zwar ist das die Macht, nein zu sagen unter allen möglichen mehr oder weniger stimmigen Vorwänden: Migräne, ungünstige Zeitpunkte im monatlichen Zyklus, Schwangerschaften, Müdigkeit aller Art, undeutlich ausgedrückte andere Prioritäten usw. Mein Mann, der mich achtete, bestand nicht weiter darauf. So mauerte ich ihn in sein Schweigen ein mit seinem Verlangen nach mir, seiner Enttäuschung, seiner Einsamkeit und vielleicht sogar mit der Beschämung, stets und ständig der einzige «Bittsteller» zu sein.

Glücklicherweise hatte er seine Arbeit. Darin war er großartig und ging in aller Freiheit ganz in ihr auf. Vielleicht hätte er sogar länger gearbeitet, um sich besser dem Zugriff seiner Frau zu entziehen.

Auch in anderen Bereichen zwang ich ihm meinen Geschmack und Willen auf. Vor allem aber hatte ich immer weniger Zutrauen zu ihm, ich machte ihm zum Kind. Ich stutzte ihm die Flügel.

Glücklicherweise beteten wir weiterhin täglich zusammen, wenn auch nur kurz, und der Herr hielt uns sehr eifersüchtig in seiner Hand. Er wachte! Aber das ist schon die Fortsetzung unserer Heilsgeschichte...

Zur Zeit besteht bezüglich der Unterordnung und des Gehorsams ein folgenschweres Mißverständnis: Sie werden sofort als Hemmung, Unterdrückung oder Beherrschung aufgefaßt. Man erklärt sie sogleich mit den Begriffen Überlegenheit und Unterlegenheit. Machtausübung wird mit Gewalt gleichgesetzt, und allein dieser Gedanke ist schon unerträglich für eine Frau, die ihr Leben selbst einrichten und nicht länger das Joch des Mannes ertragen möchte.

Selten hat man in diesem grundlegenden Punkt der Beziehung zwischen Mann und Frau eine ausgewogene Haltung und macht sich die Mühe, die Frage jenseits oberflächlicher Reaktionen gründlicher zu betrachten. Man versucht nur selten zu verstehen, warum Gott, der doch gut ist und unser Glück will, die Dinge auf diese Weise geordnet hat, die die Frau scheinbar so schwer benachteiligt.

In Wirklichkeit hat nicht Gott sie so geordnet, und was wir als Fluch auslegen, ist im Grunde die Feststellung einer Lage, in die der Mensch sich selbst gebracht hat.

Gott ist kein Zauberkünstler, der mit seinem Zauberstab alles das im Nu wiederherrichtet, was wir zerbrochen haben, als wir uns außerhalb seines Liebesgesetzes stellten. Er läßt uns die Folgen unserer Sünden tragen. Doch zugleich hat er uns durch diese Folgen hindurch erlöst und gibt uns den Schlüssel zum Wiedereintritt in das Paradies, um neu das Glück der Verbundenheit mit Ihm zu genießen, wie sie vor dem Sündenfall bestand.

So entsteht in der Erlösungsordnung eine neuartige Beziehung zwischen Mann und Frau. Diese hat dabei eine schwierige Rolle — die Hervorbringung des Mannes und der Menschheit.

«Die Zerfallenheit der beiden Geschlechter durch den Sündenfall hat zur Knechtung der Frau durch den Mann geführt... Diese muß seine Gefährtin werden (...), muß dem Mann durch eine freie, persönliche Entscheidung zu "Hilfe" kommen und ihm auf diese Weise ermöglichen, das zu werden, was er sein soll» (Edith Stein[1]).

1 Edith Stein: Frauenbildung und Frauenberufe, Schnell & Steiner, München.

2.

Die Ehefrau in der Erlösungsordnung: Liebe und Unterordnung

Liebt einander wie Ich euch geliebt habe (Jh 13,34)

Das verlangt Jesus von allen und daher besonders von den Eheleuten, deren Berufung ja die Liebe ist. Wir wollen betonen, daß das kein Rat ist, sondern ein Gebot.

Liebe ist nicht vor allem ein Gefühl, sie ist ein Gebot. Es ist zwar wunderschön, dieses Gefühl zu haben, und es ist das herrlichste Geschenk, das Gott uns machen kann, aber dennoch ist es nicht nötig, solch ein Erbeben unseres ganzen Wesens zu verspüren, um zu lieben. Die Liebe kennt Höhen, sie kennt auch Tiefen.

Du sollst lieben (Mt 22,37).

Lieben ist eine Entscheidung. Wer sie trifft, dem schenkt Gott Freude. Liebe, das ist Gott, Gott ist die Liebe, und *wer sagt, er liebe Gott, liebt aber seinen Bruder, seine Frau oder seinen Mann nicht, der lügt* (vgl. Jh 4,20). Wer in der Liebe ist, ist in Gott. Alle Liebenden machen die Erfahrung des Göttlichen, der Gegenwart Gottes. Wir müssen uns entscheiden, uns entschließen zu lieben. Sobald wir nichts fühlen, meinen wir, nicht zu lieben. Wenn man Gott liebt, hat man nicht immer Herzklopfen, weiß aber im Innersten, daß man sich Ihm hingegeben hat und Ihn liebt.

Diese Entscheidung für die Liebe ist sehr wichtig. Eine Frau, die sich nicht vollkommen entschieden hat zu lieben, ist ihrer Berufung nicht treu. Die Berufung der Frau ist die Liebe, und in der Liebe der Frau liegt etwas von der Liebe Gottes.

«Unsere Liebe muß grenzenlos ausstrahlen», sagte Königin Fabiola an ihrem sechzigsten Geburtstag. «Ich weiß, daß in jeder von euch ein Geheimnis und ein Schatz verborgen sind, den zu entdecken ihr berufen seid...

Wir wollen diesen überaus kostbaren Schatz zunächst gemeinsam entdecken, der die erstaunliche, sehr seltene Eigenschaft besitzt, unausschöpflich zu sein. In jedem von uns liegt eine unbegrenzte Fähigkeit zu lieben, sich zu freuen und zu hoffen. Diese Fähigkeit ist eine wahre Macht, die bis zu unserem letzten Atemzug zunehmen kann und soll, vorausgesetzt, daß wir sie gebrauchen und ununterbrochen daraus schöpfen.

Wir alle können die Erfahrung der Liebe machen. Das muß sich nicht nur an die richten, die uns Zärtlichkeit und Zuneigung entgegenbringen. Unsere Liebe muß grenzenlos ausstrahlen, sie muß jedem zuteil werden, gleich welchen Alters, welcher Hautfarbe, Herkunft und Gesundheit er sein mag und ob er sympathisch ist oder nicht.

“Wie aber”, werden Sie mir entgegnen, “kann man alle Welt wirklich und wahrhaftig lieben?”

Ich glaube, es gibt tausend Weisen zu lieben, und je mehr wir diese wunderbare, wesentliche Kunst entdekken, desto besser begreifen wir, daß lieben dienen heißt. Es heißt, an den anderen denken und die eigene Furcht vergessen, teilen und unablässig Freude schenken.

Wir haben in uns eine unerschöpfliche Quelle an Leben, das wir weitergeben und empfangen können, ob wir nun arm oder reich, jung oder alt, gesund oder krank sind.

Wenn wir diese innere Kraft erfahren, die stärker ist als Waffen und die auch nach dem Tod weiterwirkt, dann erfassen wir den Sinn des Lebens. Nach und nach wird das Geheimnis in uns verständlich, und Freude erfüllt uns.»

Die Frau mit ihrer Berufung, ständig das Licht brennend zu halten, ist die Seele des Hauses. Wenn der Mann heimkommt, fühlt er Nähe und Leben. Ist sie aber nicht imstande, für ihren Mann und ihre Kinder ein solches Heim zu schaffen, verhindert sie, daß Leben aufblüht, und die gesamte Gesellschaft bekommt es zu spüren. Sie ist das Herz.

Wenn der Mann sich außerhalb des Hauses angezogen fühlt, sie aber treu und liebend bis zum Ende bleibt, kann die Ehe gerettet werden. Verliert die Frau jedoch ihre Liebe, dann erlischt die Flamme, wenn nicht der Glaube und die Hoffnung des Mannes an deren Stelle treten. Sie muß solange weiterlieben, bis die Liebe im Herzen des anderen wieder erwacht; das ist ihre Berufung.

Die Frauen, die sich Gott geweiht haben, die Bräute Christi, haben die gleiche Aufgabe, erfüllen sie jedoch in anderer Weise.

Es ist nicht gut, daß der Mensch allein sei (Gn 2,18).

Darum, so heißt es, *wird der Mann seinen Vater und seine Mutter verlassen und seinem Weibe anhangen* (Gn 2,24).

Um Ehemann zu sein, muß er Vater und Mutter verlassen und seinen eigenen Hausstand gründen. Die Frau ist das Haus des Mannes und der Fruchtboden Gottes. Das Leibliche bedeutet das Geistliche: Der Leib der Frau ist ganz hingeordnet auf Empfangen, Zärtlichkeit und Liebe. Der Ehemann findet in ihr das Glück.

Die Ehe ist das sichtbare, umfassende Zeichen für die Liebe, wie Gott sie wollte, um seine Liebe zur Kirche zu zeigen. Christus hat die Kirche so sehr geliebt, daß er sein Leben hingab, und stellte so den Bund Gottes mit den Menschen wieder her. So erneuert er auch den Bund von Mann und Frau.

Wenn es wahr ist, daß der Sündenfall die ursprüngliche Eintracht des Paares unmöglich gemacht hat, so wird sie doch in Christus neu ermöglicht. Vergessen wir dabei aber nicht, daß es das Opfer am Kreuz war, das uns diesen Neuen Bund gebracht hat. Gott gewährt uns die Gnade, daran teilzuhaben und läßt uns auf diese Weise auch an der Erlösung teilhaben.

Die gegenseitige Unterordnung der Gatten

Der folgende so wunderbare Text des heiligen Paulus belehrt uns darüber, wie der Ehemann und die Ehefrau diese Liebe entsprechend ihrer Berufung in ihrem Umgang miteinander, aber auch in ihrer Beziehung zur Welt und zu Gott leben sollen:

Ordnet euch einander unter in der Furcht Christi, die Frauen ihren Männern wie dem Herrn. Denn der Mann ist das Haupt der Frau, wie Christus das Haupt der

Kirche ist, er, der Retter des Leibes. Doch wie die Kirche sich Christus unterordnet, so auch die Frauen den Männern in allem.

Ihr Männer, liebt eure Frauen, wie auch Christus die Kirche geliebt und sich für sie hingegeben hat, um sie zu heiligen, indem er sie reinigte in dem Wasserbad durch das Wort. Er wollte sich selbst die Kirche herrlich zuführen, ohne Flecken oder Runzeln oder dergleichen, sondern heilig und makellos. So sind auch die Männer verpflichtet, ihre Frauen zu lieben wie ihren eigenen Leib. Wer seine Frau liebt, liebt sich selbst. Es hat ja noch nie einer sein eigenes Fleisch gehaßt, sondern er hegt und pflegt es, wie auch Christus die Kirche; denn wir sind Glieder seines Leibes. «Deshalb wird ein Mensch seinen Vater und seine Mutter verlassen und seinem Weibe anhangen, und sie werden ein Fleisch sein.» Dies Geheimnis ist groß; ich deute es auf Christus und die Kirche. Jedenfalls sollt auch ihr, jeder einzelne von euch, seine Frau so liebhaben wie sich selbst; die Frau aber achte ihren Mann (Eph 5,21-33).

Ordnet euch einander unter in der Furcht Christi. Und gleich setzt der heilige Paulus hinzu, damit es kein Mißverständnis gebe: *...die Frauen ihren Männern wie dem Herrn.*

Er macht die Unterordnung zu einer Forderung für den Mann wie für die Frau. Doch gründet sich die gegenseitige Unterordnung der Gatten auf die Unterordnung der Frau. Wie sollte ein Ehemann sich seiner Frau unterordnen können, ohne beherrscht zu werden, wenn sie ihm nicht schon untergeordnet ist?

Das bei dem Sündenfall zerbrochene Gleichgewicht kann nur in der vollkommenen Selbsthingabe an Gott und in der uneigennützigen Hingabe an den anderen wiedergefunden werden.

Die liebende Unterordnung, dieser einzige Weg zum Heil, bewirkt Achtung vor dem anderen. In Wirklichkeit wird der Mann von eben dieser aus der Unterordnung hervorgehenden Heiligkeit unterworfen und wird auf diese Weise sehr viel aufmerksamer für das Wohl seiner Frau, aber auch für ihre Eingebungen und Ratschläge.

Andernfalls erschöpft sich jeder in einem Kräftemessen, das das Paar unfruchtbar macht, in einem Machtwettkampf. Davon zeugen die meisten Forderungen der Feministen, obgleich sie in der Mehrzahl der Fälle durch das Leiden an krasser Ungerechtigkeit entstanden sind.

Es gibt einen anderen Weg zu neuartigen Beziehungen und zu dem harmonischen Gleichgewicht vor dem Sündenfall, und das ist der Weg des Evangeliums, der Weg des Verzichts auf sich selbst aus Liebe zum anderen. Auf diesem Weg geht die Frau voran, sie führt den Mann in eine solche neuartige Beziehung ein, die nun nicht mehr eine Suche nach sich selbst in der Beherrschung des anderen ist, sondern die Hingabe seiner selbst an den anderen.

> Nach und nach hat der Herr mein Herz bearbeitet und gereinigt. Ich trug in mir mit Liebe das Geheimnis Gottes und den Wunsch nach der Bekehrung meines Mannes, die Gewißheit, ihn in Gott neu zur Welt bringen zu sollen. Ihm gegenüber keinerlei Schroffheit oder Herausforderung. Ich ging mit ihm zu Empfängen und Abendeinladungen, aber ich ging mit Jesus, und alles wurde anders. Maria nahm den Platz in meinem Herzen ein und verbannte Eva daraus. Und je weiter Jesus in mein Herz kam, desto mehr liebte ich Bertrand. Aber desto besser verstand ich auch, daß ich ihn wieder zu einem Mann, Ehemann und Vater

machen mußte. Wir waren beide Opfer der feministischen Bewegung und teilten uns im Namen einer zweifelhaften Achtung die häusliche Autorität. Nach und nach wurde mir die Unterordnung der Frau unter ihren Mann deutlich. Nicht länger allein handeln, im Namen irgendeiner Freiheit oder inneren Gewißheit, sondern ihm, den Gott mir aus Liebe gegeben hat, alle Eingebungen und Wünsche unterbreiten. Schon bald haben sein wissenschaftlicher Geist und seine männliche Weisheit meinen Gefühlsüberschwang oder meine Eingebungen ausgeglichen, die zwar richtig waren, aber unter zu viel Ausschmückungen verschwanden. Seltsam, im Gehorsam gegenüber meinem Mann gehorche ich Gott, oder vielmehr höre ich besser auf Gott, und mein Mann führt mich. Wir brauchen einen geistlichen Führer. Ich glaube, dadurch daß ich mich an Bertrand wende, macht mich Gott glücklich.

Die Unterordnung der Frau erlöst: Durch Selbstüberhebung riß die Frau die Menschheit ins Unglück, durch ihre Unterordnung und Aufopferung kann Gott die Menschheit zu seiner Erlösung führen.

Unterordnung und Demut

Unterordnung und Demut gehören eng zusammen — zwei Schmuckstücke der Frau, die sie abzulegen versucht ist, weil sie von ihr das wenig anziehende Bild eines höchst langweiligen Wesens ohne Halt und Persönlichkeit zeichnen. Eine unerbittlich strenge Morallehre (in Frankreich der Jansenismus) hat ein so ernstes, abstoßendes Bild von der Tugend hinterlassen, daß es begreiflicherweise niemanden mehr begeistert. Es ist höchste Zeit, diese vollkommen irrigen, gegen das Evangelium gerichteten Vorstellungen von dem Leben mit Gott vom

Staub zu befreien; es ist das begeisterndste Abenteuer, das es gibt, das einzige, das sich lohnt, erlebt zu werden und sein Leben dafür hinzugeben.

Der demütige hat nichts gemein mit einem komplexbeladenen Menschen oder mit einem, der sich selbst verachtet. Er ist jemand, der im Blick Gottes lebt. Er weiß einfach über sich Bescheid, über seine Begabungen wie über seine Schwächen. Nichts schreibt er sich selbst zu, weil er weiß, daß es nichts gibt, was ihm nicht von Gott geschenkt wäre. Er lenkt den Ruhm nicht auf sich selbst, sondern rühmt den Herrn, wie Maria bei der Verkündigung, die, ohne auf sich selbst zu achten, ausruft:

Großes hat der Allmächtige an mir getan, und sein Name ist heilig! (Lk 1,49).

So kann er mit dem Psalmisten ausrufen:

Ich preise dich, daß ich so wunderbar geschaffen bin! (Ps 139,14).

Der Demütige kennt seine Grenzen, weiß aber, daß Gott alles in ihm vermag. Diese sanfte, fröhliche Demut soll unseren Umgang miteinander bestimmen und Frieden schaffen; sie soll sich aus dem Herzen der Frau heraus auf die ganze Familie und die Gesellschaft ausbreiten.

Es ist sicher nicht Gottes Wille, daß die Frau sich dem Mann verweigert, oder aber seiner Macht verfällt. Wenn sie sich nach der göttlichen Ordnung hingibt, muß sie dabei stets ihre Würde wahren und durch ihre Seelengröße Achtung gebieten.

Eine Unterordnung ist nur denkbar, wenn unser Leben nicht mehr uns selbst, sondern Gott gehört, wenn wir es ihm zum Geschenk gemacht haben, mit der Hingabe, in der Jesus sich dem Willen des Vaters unterwarf, und mit dem Bewußtsein, daß jedes Haar auf unserem Haupt gezählt ist, daß Er der Herr der Ereignisse ist und ohne seine Erlaubnis uns nichts zustoßen kann. Es ist ein Akt des Glaubens an die Menschwerdung Gottes und an Gottes Allmacht über das Menschenherz. Hat nicht Jesus uns den Weg gewiesen? Er, der Sohn Gottes, ordnete sich menschlichen Geschöpfen unter.

Es ist immer aufschlußreich, wie Jesus sich in ganz bestimmten Lagen verhielt, um daraus für unser eigenes Leben eine Lehre zu ziehen. Wir sehen ihn bei der Wiederauffindung im Tempel mit seinen Eltern: *Er ging mit ihnen nach Nazareth hinab und war ihnen untertan* (Lk 2,50). Hier wird von Jesu Unterordnung unter seine Eltern in demselben Augenblick gesprochen, in dem sie nicht verstanden, was eigentlich vorging. Sie konnten es einfach nicht begreifen. Das Evangelium sagt: *Sie aber verstanden das Wort nicht, das er zu ihnen sprach* (Lk 2,50). Er war ihnen trotz dieser Verständnislosigkeit untertan.

Für uns ist das lehrreich; denn wir wollen uns zwar unterordnen, aber nur unter der Bedingung, daß derjenige, dem wir uns unterordnen, im Recht ist. Gern ordnen wir uns einem verständigen Menschen unter, einem, der sich mit den Fragen beschäftigt hat und dem wir alles gesagt haben, damit er sich sicher nicht irrt. Jesus zeigt uns den Weg zu einer weitaus tieferen Unterordnung, da er sich seinen Eltern unterordnete, während sie das ganze Ausmaß seiner Sendung vielleicht gar nicht verstanden. Es ist ein Weg, der uns die Unterordnung unter Gottes Willen durch begrenzte Wesen lehren will, die uns nicht unbedingt verstehen oder kein Auge dafür haben, was wir mit Gottes Erlaubnis sind. In diesem Augenblick werden wir herausgefordert zu Akten des Glaubens und der Hoffnung auf Gottes Allmacht über das Menschenherz, wir werden herausgefordert zu glauben, daß Er die Schwächen der anderen benutzt, um an unserer Heiligung zu arbeiten.

Sich unterzuordnen heißt, sich unter den Schutz des anderen zu begeben. Wenn die Frau sich dem Mann unterordnet, ordnet sie sich durch die Grenzen des Mannes Gott unter und hofft, daß sich sein Wille erfüllt.

Wenn Gott zu ihr spricht: *Nach deinem Mann wird dein Verlangen sein, er aber wird über dich herrschen* (Gn 3,16), will er sich damit nicht rächen oder sie verfluchen, sondern retten, Er will ihr ein Mittel an die Hand geben, sich in den Heilsplan einzufügen und an der Erlösung der Menschheit zu beteiligen. Dies ist Teil der göttlichen Geheimnisse, und es ist müßig, sie allein mit dem Verstand begreifen zu wollen; sie können ergründet werden, wenn man danach lebt.

Die Unterordnung ist eine Demutshaltung, die die Frau in jeder mitmenschlichen Beziehung beibehalten soll. Auf diese Weise wird sie erreichen, daß in der Gesellschaft eine Bereitschaft des Herzens entsteht, den anderen zutiefst zu achten: das Gegenteil von Beherrschung.

Wenn die Frauen ihrem Mann untertan sind und einige dem Wort Gottes nicht gehorchen, dann sollen sie ohne Worte durch das Verhalten ihrer Frau gewonnen werden, da ihnen dieses reine und achtungsvolle Verhalten vor Augen steht.

Frauen, wessen ihr bedürft, das ist nicht nur die äußere Schönheit (...), sondern in eurem Inneren eine Seele, die nie ihre Sanftmut und Ruhe verliert: das ist kostbar in den Augen Gottes. So schmückten sich einst auch die heiligen Frauen, die auf Gott hofften: ihren Männern untertan (vgl. 1 P 3,1-5).

Das wahre Wesen der Frau gründet sich nicht auf das, was sie zu leisten imstande ist; denn alle Kräfte, über die der Mann verfügt, sind ebenso in der weiblichen Natur vorhanden, wenn auch in verschiedenem Maße. Es ist eine Frage der Innerlichkeit, und die Frau mit ihrer Verantwortung in der Gesellschaft muß sich darauf einstellen. Selbstverständlich kann sie nicht in derselben Weise wie der Mann arbeiten und Verantwortung tragen. Sie muß sie wie eine Mutter handhaben; nicht wie ein Vorgesetzter, der für alle Welt organisiert und entscheidet, sondern wie jemand, der jedem seinen Platz zuweist und sich von ihren Kindern zurückzuziehen weiß.

Der Mann aber braucht seine Frau. Durch sie kann er sein Bestes geben, denn nur sie kann seine männliche Kraft befruchten. Sie stelle sich ihm wieder hilfreich zur Seite, und schon bringen beide zusammen Frucht. Die Frau, die den Samen des Mannes zurückweist und sich selbst genügen will, verdammt sich zur Unfruchtbarkeit, und zwar sich selbst und alle um sie herum; sie raubt ihnen jeden Tatendrang und legt sie dadurch lahm.

Nathalie hat die folgende aufschlußreiche Erfahrung gemacht:

> Seit ich meine Identität als Frau wiedergefunden und meine Rolle bei den Männern angenommen habe, hat sich in meiner Arbeit viel verändert. Ich bin Direktionsassistentin; aber genau das hatte ich immer gehaßt: Hilfestellung zu geben, im Schatten zu stehen, nicht eigenverantwortlich zu sein in der Arbeit, nicht aner-

kannt zu werden und zu dienen. So denke ich heute nicht mehr. Meine Arbeit als Assistentin erlaubt mir, mit sehr hochgestellten Männern zusammenzutreffen, die zu denen gehören, die eine ständige Zielscheibe von verschiedenen Verleumdern sind, ständig verurteilt werden, ständig im Gespräch sind und niemals Zustimmung finden. Ich habe verstanden, daß ich hier die — weibliche — Aufgabe hatte, gutzuheißen, zu verbinden und zu ermutigen, aber auch, graue Eminenz zu sein. Das ist mir kürzlich passiert. Ich hatte Gelegenheit, mit einem Vorstandsmitglied zu sprechen und habe ihm zu bestimmten Problemen meine Meinung gesagt. Kurz darauf sah ich, daß meine Idee in die Tat umgesetzt und ihre Urheberschaft verlagert wurde. Aber was macht das schon! Welche Befriedigung, eine solche Rolle im Hintergrund zu spielen: seine Tatkraft, ja seine Substanz für eine wahre Kriegsmaschinerie einzusetzen. Ich habe weitergemacht, ich habe mich betont zu der Politik dieses Leiters bekannt (und zwar aufrichtig) und ihm zu verstehen gegeben, daß ich seine Arbeit bewunderte und ernstlich an seinen Erfolg glaubte. Genau das hatte ihm gefehlt: die volle Zustimmung von jemandem, der zu Tatkraft und Vertrauen anspornte. Eine solche Befürwortung schließt natürlich nicht aus, einige mögliche Irrtümer hervorzuheben: Der Grund ist gelegt, und ich will ihn nicht verunsichern; ich bin eine Partnerin, eine Co-Pilotin. Vor einer Woche erfuhr ich, daß ich zur Generaldirektionsassistentin ernannt worden bin.

Gehorsam: eine Tat des Glaubens, der Hoffnung und der Liebe

Unterordnung umfaßt auch den Gehorsam, den Gehorsam Jesu, der sich dem Willen des Vaters unterwarf, *gehorsam bis zum Tod, bis zum Tode am Kreuz* (Ph 2,8).

Evangelischer Gehorsam ist ein Akt der Liebe, der zur Selbstüberwindung ruft, aber nichts zu tun hat mit Unterwürfigkeit; diese hat ihre Ursache in der Furcht oder in entarteten Formen der Liebe und engt das Wesen ein.

Die Unterordnung ist zugleich ein Akt des Glaubens, der Hoffnung und der Gottesliebe.

Ein Glaubensakt ist keine Ergebung, weil es leichter wäre, nicht zu kämpfen, sondern eine Entscheidung, durch die man das Vertrauen wählt. Vertrauen nicht zu einem menschlichen Wesen, dessen Fehlbarkeit man kennt, sondern zu Gott in diesem Wesen. Torheit des Geheimnisses der Menschwerdung! Unterordnung ist nur möglich, wenn wir unser ganzes Leben Gott übergeben haben, der der Herr dieses Lebens ist. In denen, die Er uns gegeben hat, um uns zu leiten, erkennen wir Werkzeuge, derer Er sich bedienen will und kann, um uns seinen Willen zu bekunden.

Ein Glaubensakt auch, weil unser Leben Gott gehört, seit wir durch die Taufe seine Kinder geworden sind. Wir wissen, daß unser Werden in seiner Hand liegt, und nicht in der Hand der Menschen. Wir sind nicht abhängig von ihren Launen, sondern von dem Willen Gottes in der Zuversicht, *daß denen, die Gott lieben, alle Dinge zum Besten dienen* (Röm 8,28), in der Gewißheit des Sieges seines allmächtigen Willens über das Böse. Wenn die Frau sich in dieser Unterwerfung der Autorität des Mannes, dem Abglanz der göttlichen Autorität, öffnet, öffnet sie sich einer Weisheit, die nicht mehr menschlich oder vernünftig, sondern göttlich ist.

Der Glaube ist eine ganz außerordentliche Macht, die uns so leben läßt, als sähen wir das Unsichtbare, und uns die Wirklichkeit des Gottesreiches schon vorwegnehmen läßt, *weil der Herr lebt und bei uns ist alle Tage bis zum Ende der Welt* (Mt 28,20).

Die Unterordnung ist ein Akt der Hoffnung, weil wir wissen, an wen wir geglaubt haben, und sicher sind, daß seine Verheißungen wahr sind. Ohne uns bei dem aufzuhalten, was wir sehen, erwarten wir, daß sie eintreten, in der Gewißheit, daß Gott unser Glück will.

Christlicher Gehorsam hat nichts zu tun mit Verzicht, weil er weiß, daß schließlich alles gut wird und der Wille Gottes, ganz gleich auf welchem Weg, siegen wird. Dies läßt uns der Ausspruch Martha Robins erkennen: «Ich sehe, wie sich sein anbetungswürdiger Wille so stark durch alles hindurch, sogar durch das, was Er nicht gewollt hat, durchsetzt, daß ich Ihn nur anbeten und still betrachten kann.»

Allein die Hoffnung rechtfertigt den Gehorsam, verleiht Geduld in der Prüfung und Beharrlichkeit bis zur Erhörung.

Schließlich ist die Unterordnung ein Akt der Liebe zu Gott. Denn nur aus Liebe kann man sich selbst und den eigenen Willen verleugnen. Einer solchen Forderung aus Pflichtbewußtsein oder Schwäche nachkommen zu wollen, würde uns trocken oder unfruchtbar machen. In der Liebe aber wird unser Gesichtskreis so weit wie

Gottes Gesichtskreis, wenn wir uns erweitern und voll entfalten lassen. Darin liegt unser Glück: uns in Gottes Willen zu fügen, der alles mit Weisheit und aus Liebe gemacht hat.

Das folgende Gebet des heiligen Franziskus faßt die christliche Berufung und näherhin die der Frau trefflich zusammen, die dazu bestimmt ist, die Macht der Liebe zur Geltung zu bringen:

> O Herr, mache mich zum Werkzeug deines Friedens,
> daß ich liebe, wo man haßt,
> daß ich verzeihe, wo man beleidigt,
> daß ich verbinde, wo Streit ist,
> daß ich die Wahrheit sage, wo Irrtum ist,
> daß ich Glauben bringe, wo Zweifel droht,
> daß ich Hoffnung wecke, wo Verzweiflung quält,
> daß ich Licht entzünde, wo Finsternis regiert,
> daß ich Freude bringe, wo der Kummer wohnt.
>
> Herr, laß mich trachten,
> nicht, daß ich getröstet werde, sondern daß ich tröste;
> nicht, daß ich verstanden werde, sondern daß ich verstehe;
> nicht, daß ich geliebt werde, sondern daß ich liebe.
> Denn wer sich hingibt, der empfängt;
> wer sich selbst vergißt, der findet;
> wer verzeiht, dem wird verziehen;
> und wer stirbt, der erwacht zum ewigen Leben.

Wenn die Liebe um sie herum schwindet, ist es die Aufgabe der Frau, zu lindern, die Schäden zu heilen und zu lieben, ohne den Mut sinken zu lassen. Wenn sich in der Ehe oder bei anderen Zwietracht breitmacht, hat zuerst sie die Aufgabe, die Eintracht wiederherzustellen, diese Einheit der Herzen, nach der es sie so sehnlich verlangt.

Auf diese Weise findet die Liebe der Ehefrau ihren reinsten Ausdruck in der freudigen Unterordnung unter ihren Mann, die sich darauf gründet, daß sie eine Tochter Gottes ist.

So wie Jesus sich erniedrigen und unter seine Jünger stellen mußte, um ihnen die Füße zu waschen und von der Sünde frei zu machen, womit er die Begriffe Herr und Diener umkehrte, so führt die Frau eine neuartige Beziehung ein, wenn sie sich unter den anderen stellt, jedoch nicht unterwürfig und selbstquälerisch, denn das würde sie zerstören. Wenn sie aber ihre Würde von dem Blick Gottes empfängt, dann kann sie den Mann erheben und innig an der Erlösung mitwirken.

Wenn der Mann bei der Schöpfung der erste ist, so ist die Frau die erste bei der Erlösung.

Zwischen ihr und Gott besteht so etwas wie ein geheimes Einverständnis, eine Mittäterschaft. Sie ist an der Geburt des Mannes und der Menschheit beteiligt, wenn sie sich mit Gott vereint. Durch Marias Ja kam das Heil in die Welt.

Durch das Ja der Frau, durch die unbedingte Hingabe ihres Lebens wird die Welt gerettet werden. In dem Verstehen der göttlichen Geheimnisse geht sie dem Mann vorauf, und indem sie das göttliche Wort in sich empfängt, gebiert sie ihn zum Himmelreich. Sie weist den Weg.

Aufgrund ihrer besonderen Sendung im Plan Gottes muß die Frau sich daher als erste ändern.

3.

Die Frau muß sich als erste ändern

Ich weiß, was den Frauen an dieser Behauptung abstoßend und unerträglich erscheinen kann. Bringen wir aber den Mut auf, sie anzuhören und das Warum zu verstehen.

Eine solche Haltung hat durchaus nichts mit Verzicht oder Stillhalten zu tun, die sich aus Trägheit oder Nachgiebigkeit mit einem modus vivendi begnügen.

Sie verlangt im Gegenteil große Seelenstärke. Ebenso hat der gewaltlose Mensch nichts mit einem Feigling zu tun, der sich aus Furcht vor der Gefahr und um dem Kampf aus dem Weg zu gehen versteckt: Er ist bereit, sein Leben einzusetzen, damit der Friede obsiegt.

Sein Leben einsetzen heißt, bereit sein zu sterben.

Ist nicht aber noch mehr Mut nötig, in den kleinen Dingen, im Alltag auf sich selbst zu verzichten und sein Leben einzusetzen, als es in einer Heldentat aufzuopfern?

Eine meiner Freundinnen schrieb mir vor kurzem:

> Sehr bald, schon am Anfang unserer Ehe, merkte ich, daß die tiefe Verbundenheit, nach der ich strebte, gar nicht so einfach war. Trotz aller Liebe zu meinem Mann war unsere Gemeinschaft sehr störbar, und wegen dummer, kindlicher Kleinigkeiten gerieten wir aneinander. Es war zwar harmlos, aber ich merkte jedesmal, wie sich etwas in mir abkühlte. Jedesmal, wenn ich meiner seelischen Verfassung nachgab, wurde ich noch schwächer, und es war immer schwerer herauszukommen. Ich sah, daß mein Mann sich innerlich entfernte und wie ein Fremder wurde.
>
> Wir steckten in einer Sackgasse. Ich, die ich so schöne Ansichten über die Liebe hatte, erfuhr unverzüglich meine Grenzen wie auch die Grenzen meines Mannes, die ich einfach nicht annehmen konnte.
>
> Nach und nach gewann ich die Überzeugung, daß ich mich als erste verändern müsse, wenn ich wollte, daß mein Mann sich änderte. Ich wußte, daß das stimmte, verstand aber nicht warum. Ich sagte im Gebet: «Herr, ich weiß, daß ich die anderen unmöglich verändern kann. Das einzige, was ich tun kann, das ist, mich von dir verändern zu lassen, mich der Verwandlung zu öffnen und dich in mir leben zu lassen, damit du durch mich deinen Willen tun kannst.»
>
> Ich kann heute sagen, wie oft ich in meinem Leben bestätigt fand, daß diese Haltung unweigerlich Früchte trägt. Sie half mir, über mich selbst hinauszuwachsen und viele Dinge relativ zu sehen, die es nicht wert waren, darüber den Frieden zu verlieren, und meine Liebe wurde dadurch größer.

Es ist die verwandelnde Kraft der Liebe, die nicht nur uns verändert, sondern auch die Menschen um uns herum. Das ist der Sinn des Gebots *Liebt eure Feinde* (Mt 5,44). Allein die Liebe in uns kann an ihr Herz rühren.

Welch ein Wunder ist diese außerordentliche Liebesfähigkeit im Herzen der Frau! Genau das muß sie heute vielleicht wiederentdecken, diese Liebeskraft, die mächtiger als alle Beweisführung der Welt ist und die furchtbarsten Feinde entwaffnet.

Die Liebe bleibt immer Siegerin.

Man ist nie der Verlierer, wenn man liebt.

Wenn wir Liebe säen, werden wir Liebe ernten.

Die Liebe trägt immer Früchte; selbst wenn es nicht sofort geschieht, am Ende siegt sie immer.

Manche haben ihr Leben lang in Glauben, Hoffnung und Liebe bei einem Ehemann gekämpft, der ihren Glauben nicht teilte, oder der von einer Leidenschaft (zum Geld, zum Alkohol oder zu einer Frau) gepackt war. Durch ihre Standhaftigkeit haben sie schließlich das Herz ihres Mannes gewonnen. Das hat auch Florence erlebt:

> Wir sind uns vor siebzehn Jahren begegnet. Sehr bald mußten wir uns eingestehen, daß unsere Ehe ein Fehlschlag war. Wir waren vom Leben sehr verletzt und konnten darum nicht mit all den Schwierigkeiten fertig werden, die in einer Ehe auftauchen können. Überdies hatte der Herr nur wenig Raum bei uns; allein konnten wir da nicht herauskommen. Trotzdem hatten wir vier Kinder, und nach zehn Ehejahren hatte ich mit Krebs zu kämpfen.
>
> Der Herr heilte mich, und das war ein erster Ruf, ihm zu folgen. Mehrere Jahre lang hat er mich mit seiner Liebe reich beschenkt. Dann kam der Augenblick, wo er mich in meinem Eheleben heilen wollte. Meine Kindheit und Jugend hatten mich gezwungen zu kämpfen und mit der Faust zu leben, und so wurde ich immer unabhängiger. Wir lebten nebeneinander und nicht füreinander. Mein Mann bedeutete mir nichts,

und ich war nichts für ihn. Ich wurde zu einer Einkehr über die Schönheit der Berufung der Frau eingeladen. Eigentlich hatte ich gar keine Lust hinzugehen; ich wollte nicht, daß der ganze Schlamm meiner mißglückten Ehe aufgewühlt würde, ich hatte keine Lust, mich zu ändern, ich bestand auf meiner Unabhängigkeit, und außerdem war dies mein geheimes Gärtchen. Aber ich wurde buchstäblich dort hingedrängt! Durch die Vorträge hat der Herr mich im Innersten angerührt. Ich habe festgestellt, daß ich den falschen Weg einschlug, wenn ich meinen Mann um jeden Preis ändern wollte. Ich habe verstanden, daß zunächst ich selbst mich um seinetwillen ändern und dem Herrn erlauben mußte, meine zahlreichen Wunden zu heilen, die tiefe Narben in mir hinterlassen hatten. Wenn ich meinen Mann dem Herrn anvertraute, würde Er selbst sich um seine Heilung kümmern.

Der Herr forderte mich auf, mich unter seinen Blick statt unter die Blicke der anderen zu stellen. Ich sollte nicht mehr im Hinblick auf die andern handeln, sondern mit all meinen Schwächen, Unzulänglichkeiten und Grenzen ich selbst sein, weil er mich so liebt. Dann konnte ich auch die Grenzen meines Mannes annehmen, ohne ihn verändern zu wollen, aber in dem Wunsch, ihn zu lieben. Weil ich wußte und spürte, daß ich von Jesus geliebt wurde, verging mein Hunger nach Liebe von selbst, und nun konnte ich den lieben, den Gott mir an den Weg gestellt hat.

Weil ich eine Mutter gehabt hatte, die einem sadistischen, gewalttätigen Ehemann unterworfen war, wollte ich von Unterordnung nichts hören. Das war für mich gleichbedeutend mit Selbstvernichtung und Unterwürfigkeit. Dann sah ich aber ein, daß man zu dem Wort Unterordnung das Wort Liebe hinzufügen mußte und daß Unterordnung in Liebe in Verbindung mit Jesus es dem anderen ermöglichte, neu geboren zu werden, wenn man ihm seine Stellung als Ehemann und Vater einräumte.

Nach einer Krebsoperation unfruchtbar geworden und nach einer harten Chemotherapie vorzeitig in die Wechseljahre gekommen, fühlte ich mich in meiner Weiblichkeit sehr verletzt. Ich hätte so gern noch ein Kind bekommen! Ein Zuspruch meiner geistlichen Begleiterin half mir, von dieser Wunde zu genesen: «Du bist nicht unfruchtbar; du kannst deinen Mann wiedergebären, indem du ihn wieder aufleben läßt, indem du ihn, der nicht mehr leben will, wieder zum Leben kommen läßt.»

Heute wird mein Mann von einer seelischen Krankheit allmählich wieder gesund, nur weil ich ihn «aufziehe», so annehme, wie er ist, und ihm, der seit seiner frühesten Kindheit abgelehnt worden war, Gelegenheit gebe, einfach dazusein.

Wenn noch manchmal schwierige Augenblicke wiederkommen, überlasse ich mich *dem*, der mir alles geschenkt hat, und dann machen Bitterkeit und Mutlosigkeit dem Frieden und der Freude Platz.

Unser zum Mißerfolg verurteiltes Eheleben ist in seine schönste Phase eingetreten. Nach siebzehn Ehejahren beginnen wir, einander zu entdecken, zu schätzen und uns in unseren Zwisten, Unzulänglichkeiten und Schwächen zu lieben. Zwischen uns wächst Vertrauen, und mein Mann fängt an, mir seine Schwierigkeiten und Leiden anzuvertrauen.

Ich sehe uns in unserer Ehe nicht mehr zu zweit, sondern zu dritt: der Herr ist bei uns, zwischen uns.

Ohne Ihn bin ich nichts. Es ist wichtig, sich immer an Ihn zu wenden im täglichen Gebet, im Empfang der Sakramente, in der Anbetung und im Hören auf sein Wort und auf die Brüder, die Er uns an den Weg stellt. Man kann es nicht allein schaffen; aber bei Gott ist nichts unmöglich, Er macht neue Menschen aus uns.

Wir verwandeln die Welt nur, wenn wir uns von Gott verwandeln lassen. Es gibt aber keine Verwandlung ohne Tod. Die Raupe stirbt, um zum Schmetterling zu werden. Die Frau muß ihrem Verlangen, alles in die Hand zu nehmen, sterben, damit in ihr und durch sie die Kraft Gottes zur Wirkung kommt.

4.

Ehemann und Ehefrau

Die Liebe des Mannes

Der Mann lernt die Frau nur kennen, wenn er mit tiefer Liebe auf sie zugeht, und ebenso lernt er sich selbst nur kennen, wenn er von ihr geliebt wird.

Wir wollen unseren Epheserbrief weiterlesen: *Ihr Männer, liebt eure Frauen, wie Christus die Kirche geliebt und sich ihr hingegeben hat* (5,25).

Wenn die Frau ganz die Aufnehmende ist, kann der Mann sie lieben bis zur Selbsthingabe nach dem Vorbild des Menschensohnes, der nicht gekommen ist, sich bedienen zu lassen, sondern zu dienen und sein Leben hinzugeben als Lösegeld für viele (Mt 20,28). Er hat es nicht mit einer Nebenbuhlerin zu tun, sondern mit einer Hilfe, in der er Sein und Nähe findet. Wenn die Frau ihrem Mann untergeordnet ist, kann er sich rückhaltlos hingeben.

Was für eine Liebe ist aber notwendig, um sich auszuliefern! Liebe bis zur Hingabe des eigenen Lebens. Er soll sie lieben wie seinen eigenen Leib, wie sich selbst, soll sie ernähren und pflegen.

Man kann sich nur wundern, daß so viel über die Pflicht zu Unterordnung der Frau geredet worden ist und so wenig über die Liebespflicht des Mannes nachgedacht wurde, so als hätte man beim Lesen den zweiten Teil einfach überschlagen. Die Forderung, sich selbst zu überwinden, ist für den einen genauso gebietend wie für den anderen und berücksichtigt ihre jeweilige seelische Veranlagung.

Es ist dem Mann befohlen zu lieben; aber nicht, weil er weniger liebte, sondern weil er ein geringeres Bedürfnis hat, es zu zeigen. Er schämt sich, seine Gefühle auszudrücken, wie wenn er fürchtete, eine Schwäche zuzu geben und dies von seiner Frau ausgenützt werden könnte, um ihn zu beherrschen.

Es fällt ihm schwer, ihren unstillbaren Hunger zu begreifen, mit dem sie immer wieder sein «Ich liebe dich!» hören möchte und immerzu Beweise seiner Liebe verlangt. Wo er doch meinte, er habe ihr schon gesagt, daß er sie liebt!

Dieselbe Frage richtet auch der Herr an den Mann, und zwar auf dem Weg über Simon: *«Liebst du mich mehr als diese?»*

Simon antwortet Ihm dreimal: *«Herr, du weißt, daß ich dich liebe»* (Jh 21,15-17).

Unsere Sprache gibt die Feinheit des Textes leider nur unzureichend wieder. Jesus fragt nämlich: Liebst du mich mit Vorliebe?, und Simon entgegnet: Ich habe dich gern, ich liebe dich aus Freundschaft. Jesus stellt dreimal dieselbe Frage, bis er Simon geholfen hat, auf dieselbe Stufe der Liebe zu gelangen.

Es ist dieselbe Frage, die die Frau unaufhörlich an den Mann richtet, wie wenn sie unbewußt einen Mangel an Liebe bei ihm feststellte und ihn nun auf eine höhere Stufe der Gemeinschaft heben wollte.

Doch das Ehepaar kann sich nicht mit einem ruhigen kleinen Glück zufriedengeben; die Liebe kann nicht auf dem Fleck stehenbleiben, ohne abzunehmen. Die Flamme muß ständig wieder angefacht werden, die Taten der Liebe müssen zunehmen, damit sie wächst und tiefer wird.

Die Ehefrau erwartet von ihrem Mann Liebe,
der Mann erwartet von seiner Frau Vollkommenheit.

Er wollte sie heilig und makellos (Eph 5,27)

In jedem Mann steckt die Sehnsucht, der vollkommenen Frau zu begegnen, um sich in Frieden in ihr ausruhen zu können.

Eine vollkommene Frau, wer kann sie nur finden?
Sie ist unendlich viel kostbarer als Perlen!

So steht es im Buch der Sprüche (31,10). Und bei Ben Sirach, dem Weisen:

Glücklich der Mann, der eine gute Frau hat,
sein Leben wird doppelt schön (26,11).

Diese Vollkommenheit zu erwarten ist wie eine unbewußte Suche nach dem ursprünglichen Entzücken bei ihrer ersten Begegnung. Der Mann will die Frau so wiederentdecken, wie Gott sie ihm gegeben hatte. Daher kann er ihre unvorhersehbaren Verhaltensweisen und Gemütszustände nur schwer verstehen. Der Forderung der Frau nach Liebe entspricht bei dem Mann die Forderung nach Heiligkeit, die eine Gnade ist, wenn sie in

Liebe gelebt wird. Wer liebt, kann sich nicht mit einer Liebe zu ermäßigten Preisen zufriedengeben, mit einem modus vivendi, bei dem jeder seiner Eigensucht und Mittelmäßigkeit überlassen bleibt.

Nein, die Liebe muß uns verwandeln, sonst ist es keine Liebe!

Die Ehe ist die Verbundenheit von zwei Wesen zu einem Aufstieg in der Liebe hin zur Heiligkeit, sie ist keine Gabe voller Bedingungen, keine gütliche Einigung nach der Art: «Wenn du abwäschst, fege ich den Flur.»

Wer seine Frau liebt, liebt sich selbst (Eph 5,28).

Der Mann möge sich nicht täuschen: Wenn er sein eigenes Wohl will, möge er seine Frau von ganzem Herzen lieben, mit zugleich zärtlicher und starker Liebe, unnachtsichtig gegen ihre Schwächen und im Vertrauen auf das, was in ihr am besten ist und sie nach oben zieht.

Der Mann hat zwar die Pflicht, seine Frau zu lieben; doch muß sie sich dieser Liebe auch öffnen. Nun kann es aber geschehen, daß sie etwas anderes erwartet hätte und sich verletzt wieder vor ihm verschließt. Dann kann sie nicht mehr entgegennehmen, was er ihr gern gegeben hätte. Damit macht sie ihn unglücklich und verwirrt ihn.

Welches sind denn nun die Hindernisse, die nur zu oft eine Sperre bilden und die Gabe der Liebe zwischen den Eheleuten zerstören?

Den Unterschied anerkennen

Es ist sehr wichtig, den seinsmäßigen Unterschied zwischen Mann und Frau zu verstehen, der sich in ihrer seelischen Veranlagung ganz offen zeigt.

In unserer Zeit, in der die Gesellschaft alles zur Abschaffung des Unterschieds der Geschlechter unternimmt und sich auf ein Zwitterwesen zubewegt, müssen wir uns unbedingt unserer Identität als Männer und Frauen, unserer Besonderheiten bewußt werden, wenn wir unsere Beziehungen nicht auf Mißverständnisse gründen und uns vielem Leid aussetzen wollen.

Mann und Frau sind gleichwertig, aber unterschiedlich geschaffen. Dies unter dem Vorwand der Gleichheit zu leugnen, wäre kindisch. Es ist wesentlich, in jeder zwischenmenschlichen Beziehung die Verschiedenheit anzuerkennen, damit man sich nicht auf den anderen projiziert und alles für sich vereinnahmt. Das macht uns jedoch angst, und weil wir unsere Sicherungen lieben, tun wir alles, um den anderen entweder auszulöschen oder ihm nicht ausgesetzt zu werden. Das ist die Wurzel jeder Art von Rassenhaß, Sexismus usw. Alles Fremde lehnen wir unwillkürlich zutiefst ab.

Wir fürchten uns vor der Verschiedenheit, weil wir unserer selbst nicht sicher sind. Wenn wir uns dem anderen gegenübergestellt sehen, fühlen wir uns angegriffen, weil wir fürchten, erdrückt zu werden und daß etwas in uns stirbt.

Dazu kann bemerkt werden, daß es der Sündenfall war, durch den aus der gegenseitigen Ergänzung eine Verschiedenheit wurde, die als Ungleichheit wahrgenommen wird.

Viele Männer und Frauen fühlen sich stets fremd in der Familie ihres Ehegatten und erleben dies schmerzlich, besonders wenn der eine die Nabelschnur noch nicht durchgetrennt und Vater und Mutter noch nicht verlassen hat. In der Beziehung zwischen Mann und Frau ist der Mann für die Frau häufig ein Fremder und die Frau für den Mann eine Fremde.

Wir wollen diese Beziehungen ins Licht von Jesu Blick halten und unser Herz dem anderen öffnen. Wir wollen uns auch für seine Verschiedenheit öffnen, statt sie zu fürchten. Dann wird sie zu einer Bereicherung für uns.

Wenn die Frau von dieser Furcht geheilt ist, kann sie aus sich selbst heraus und sich wahrhaft in Liebe hingeben.

Die Frau ist ihre eigene Mitte. Sie wird in der großzügigen, absichtslosen Hingabe ihres ganzen Wesens oft verletzt, weil sie den Eindruck hat, ihre Liebe werde nicht so angenommen, wie sie gern wollte. Der Mann ist anscheinend abwesend und mit anderen, wichtigeren Dingen beschäftigt, er bemerkt ihre Erwartungen gar nicht immer, und wenn er sich ihr zuwendet, hat sie sich zu ihrem eigenen Schutz schon wieder in ihr Schneckenhaus zurückgezogen.

«Der Mann wird vollkommen von seinen eigenen Angelegenheiten beansprucht», kann man in «Die ewige Frau»[1] lesen. Seine Berufung, die ihn zum Handeln an der Welt auffordert, um «sein tägliches Brot» zu erwerben, läßt ihn von den anderen Hilfe und Mitarbeit erwarten. Darum hat er kaum ein Auge für die Beschäftigung anderer Leute. Obgleich er also den Seinen durch seine Arbeit, mit der er ihren Lebensunterhalt sichert, seine Liebe beweist, lenkt eben diese Arbeit ihn von ihnen ab und macht ihn unfähig, ihre Erwartungen aufzunehmen. Meistens ist er durch die Frau sehr verwirrt. Es fällt ihm schwer, den verschlungenen Wegen ihrer seelischen Veranlagung zu folgen. Er ist einfacher und unmittelbarer und geht geradewegs auf das Wesentliche zu, ohne sich

---

1 Gertrud von le Fort: Die ewige Frau, dtv 1965.

in Einzelheiten zu verlieren. Darum versteht er gar nicht, warum plötzlich alles so verwickelt zu sein scheint und was man ihm vorwerfen kann. Anders als der Frau, die wie Maria in Kana sofort die Bedürfnisse und Leiden der anderen erkennt, entgeht dem Mann leichter, wie wichtig die kleinen Dinge sind, die der Rauhigkeit des Lebens ein wenig Milde und Zärtlichkeit verleihen.

In der Tat findet sie leicht Zugang zu Sorgen, die ihr vollkommen fremd sind, weil sie an den Sorgen derer, die sie liebt, teilnimmt. Die Kernpunkte ihres Interesses liegen mitten in ihr selbst in ihrem Herzen, im Gegensatz zum Mann, der sich stets von dem angesprochen fühlt, was außen liegt. Es sind wirklich zwei verschiedene Formen von Selbstsucht, die sich hier begegnen, die weibliche, die alles an sich zieht, und die männliche, die sich mit seinen Arbeiten beschäftigt. Für den einen wie den anderen liegt die Heilung in der uneigennützigen Selbsthingabe zum Glück des anderen.

Wenn eine Prüfung kommt, zeigen der Mann und die Frau ein vollkommen unterschiedliches Verhalten. Der Mann, der sich in der Außenwelt verwirklicht, hat die größeren Möglichkeiten, aus sich herauszugehen und sein Leiden anzunehmen. Er kann leichter vergessen, weil er voll und ganz in seiner Arbeit oder in schöpferischem Wirken aufgeht. Die schönsten Werke der Künstler entstanden in den furchtbarsten Leiden.

Was die Frau betrifft, so verwirklicht sie sich in sich selbst und fühlt sich daher vernichtet, wenn sie in ihrer Mitte getroffen wird. So fällt es ihr viel schwerer, zu ihrem eigenen Leid Abstand zu finden. Sie sieht sich plötzlich ihrer Substanz beraubt. Der innere Kampf, in dem sie sich befindet, erschöpft ihre ganze Kraft, und manchmal läßt sie sich davon sogar zugrunderichten. Sie ist erschöpft, und die kleinste Angelegenheit verlangt ihr beträchtliche Anstrengung ab.

Es steht geschrieben: «Sie wird durch die Mutterschaft erlöst.»

Denn die leibliche oder geistliche Mutterschaft bietet ihr die einzige Möglichkeit, aus sich selbst herauszukommen und sich selbst zu vergessen, um nur noch an die zu denken, die ihr anvertraut wurden. Ich habe Frauen gesehen, die von vernichtenden Lebensumständen vollkommen zerschlagen waren und dann doch die Kraft zum Standhalten fanden, um sich weiter ihren Kindern zu widmen.

Die Verschmelzung der Wesen läßt keinen Raum für Gott

Der Liebe der Eheleute droht eine weitere Gefahr, und zwar, daß sie voneinander erwarten, was nur Gott ihnen geben kann. Vor allem für die Frau gilt, daß sie glaubt, die Liebe ihres Mannes könne all ihre Sehnsucht erfüllen, und das ist eine Prüfung für den Mann, denn er fühlt sich außerstande, sie darin zufriedenzustellen. Eine solche Sehnsucht nach Verschmelzung läßt keinen Raum für Gott. Es muß ein Abstand, ein Zwischenraum für den Herrn bleiben, durch den die Liebe fruchtbar wird.

Eine wirkliche Ehefrau wird sie erst in der Verbundenheit ihres ganzen Wesens mit Gott. Andernfalls bleibt sie mit ihren Gefühlen von dem Mann abhängig, wodurch sie furchtbar leiden muß und in ihrem Traum von der vollkommenen Verbundenheit hängen bleibt. Dann ist die Versuchung groß, diesen Wunsch nach Verschmelzung auf die Kinder zu übertragen und mit ihnen eine Abhängigkeitsbeziehung aufrechtzuerhalten, die sie daran hindert, erwachsen zu werden.

Eine weitere Quelle des Mißverständnisses liegt darin, die Ehe für ein Heilmittel gegen die seinsmäßige Einsamkeit zu halten. Das ist aber nicht der Fall; denn diese Einsamkeit liegt im menschlichen Dasein beschlossen und kann nur durch die Gegenwart Gottes aufgehoben werden. Es ist eine Täuschung, die zu einer schmerzlichen Enttäuschung der Ehegatten führen kann.

Das geweihte Leben

«Ich muß lieben bis zur Unendlichkeit», hat die kleine Therese gesagt, und das macht deutlich, welcher Abgrund im Herzen der Frau liegt.

Das Verlangen der Frau nach vollkommener Hingabe an den anderen birgt für sie die Gefahr der Knechtschaft, und kein menschliches Wesen kann eine solche Gabe annehmen. Nur Gott kann sie entgegennehmen, ohne daß der andere sich dabei verliert. So ist es also das geweihte Leben, das der Frau entsprechend ihrer Sehnsucht die volle Erfüllung erlaubt, so widersinnig das auch erscheinen mag. Doch ist das geweihte Leben nicht der Frau allein vorbehalten. Man kann in Christus sagen, daß es nicht Mann noch Frau gibt. Der geweihte Mann empfängt die gleiche Fülle.

Während eines Gesprächs über die Gnade, eine Ehefrau zu sein, öffnete eine Ordensschwester mir ihr Herz:

> Als ich entdeckt hatte, daß Christus wirklich auferstanden ist, daß das keine Legende oder ein Sinnbild war, sondern daß Er wirklich heute lebt und mich liebt, konnte ich nichts anderes tun, als Ihm mein ganzes Leben zu weihen.
>
> Ich liebte das Leben so sehr, daß Er mir die ganze Kraft seiner Liebe zeigen mußte, damit ich auf die so recht-

mäßigen Freuden der Ehe und der Mutterschaft verzichten konnte. Ich hatte nur den einen Wunsch, ganz mit Ihm vereinigt zu sein, seine Gemahlin zu werden. Ich dachte, das würde in Verzückung, in überschäumender Freude vor sich gehen. Aber jenes so lebhafte und liebliche Gefühl seiner Nähe, mit dem Er mich beschenkt hatte, um mich an sich zu ziehen, das verlosch allmählich und hinterließ den Schmerz des Fernseins. Mein ganzes Wesen, das so sehr darauf angewiesen war, geliebt zu werden und zu lieben, war nur noch der Schrei einer zurückgesetzten, verlassenen Frau. Eines Tages stolperte ich, durch die Vorsehung geführt, über den folgenden Satz: «Es gibt einen Austausch der Liebe, der sich nur am Kreuz vollzieht.» Da wurde etwas in mir ausgelöst. Ich begriff, daß ich mich mitten in diesem Schmerz selbst mit Ihm vereinigen und mich Ihm vermählen mußte. Alles mußte ich von Ihm empfangen und mich mit Ihm im Leiden wie in der Freude verbinden, in den Widersprüchen wie in den Segnungen, im Scheitern wie im Erfolg.

Seitdem bin ich wunschlos glücklich.

Gleich ob die Frau ledig, geweiht oder verheiratet ist, sie ist berufen zur Ehefrau, zur vollkommenen Selbsthingabe, zuerst an Gott und wenn sie verheiratet ist, auch an ihren Mann, dann an die Kinder und an die anderen. Das bestätigt die folgende Erfahrung einer jungen Frau:

Ich hatte die Angewohnheit, den Herrn an bestimmten Feiertagen um ein Geschenk zu bitten, aber diesesmal sagte ich zu Ihm: «Heute möchte ich Dir gern etwas schenken. Ich weihe mich Dir.» Das ist ein Wort, das zunächst keine Schwierigkeiten machte, sich jemandem zu weihen. Aber für mich, das fühlte ich, lag darin ein Geheimnis, mir schien, das ginge über meinen Verstand und ich würde durch dieses Wort etwas ganz

Neues entdecken. Weihe an Gott, was bedeutet das eigentlich? Ich wußte es nicht, wollte es aber sehr gern tun. Es war im August, an meinem Namenstag. Drei Tage später empfing meine Schwiegermutter uns ganz aufgeregt am Tor, als wir nach Hause kamen, und sagte: «Kommt und seht euch das an, etwas ganz Erstaunliches, seit drei Tagen blüht der Kirschbaum!» Der Baum stand tatsächlich ganz in Blüte. Ich sagte nichts dazu. Aber für mich war der Kirschbaum immer der Baum der Verlobung gewesen. Und ich spürte wirklich, daß der Herr mir dieses Geschenk gemacht hat, daß Er mir dieses Zeichen gab, daß Er mein Gebet erhört hatte, und ich ahnte, daß Er es gewesen war, der mir dieses Gebet eingegeben hatte. Das war jedenfalls eine Antwort, die ich nicht wieder vergessen konnte, dieses Zeichen, auf das ich mich immer würde stützen können. Es sollte für mich noch sehr wichtig werden; denn in den folgenden Jahren nahmen die Schwierigkeiten immer weiter zu und wurden immer belastender, grundsätzlicher und überwältigender.

Am Tag meiner Weihe drehte sich das Gespräch zwischen meinem Mann und mir um unsere Beziehung. Er sagte mir, ich müsse ihm vor allem den Vorrang geben, er müsse der erste für mich sein. Ich habe ihm nicht gesagt, daß ich mich an dem Tag dem Herrn weihte. Ich hätte es ihm nicht erklären können, aber ich sagte ihm, für mich persönlich müsse der Herr an erster Stelle stehen und so würde ich auch ihn mehr lieben können. Er war natürlich nicht einverstanden. Er konnte es nicht verstehen. Aber er wurde nicht wütend wie sonst. Er schien nachzudenken.

Die Tage darauf traf ich auf dem Weg zur Abendmesse eine junge kongolesische Ordensschwester und nahm sie im Auto mit. Sie sagte mir, sie habe sich Gott viel zu früh geweiht, mit sechzehn. Sie habe in dem Alter überhaupt noch nicht absehen können, wozu sie sich verpflichtete, und sei nun durchaus berechtigt, sich wieder zurückzunehmen, weil sie daran denke zu heiraten. Ich habe ihr geantwortet: «Ist denn die Weihe nicht etwas, das über unseren Verstand geht?» und erzählte ihr von meiner persönlichen Weihe und jener Antwort, die mir der Herr mit dem blühenden Kirschbaum gegeben hatte. Ich saß am Steuer, ich drehte mich zu ihr um und sah, daß ihre sonst so schöne schwarze, glänzende Haut grünlich aussah. Sie schien sehr beunruhigt zu sein und sagte nichts; aber Monate später erfuhr ich, daß sie und ihr Freund sich getrennt hatten und sie die Freude wiedergefunden hatte, ganz Gott zu gehören.

In seinem Apostolischen Schreiben *Mulieris dignitatem* (Die Würde und Verantwortung der Frau) vom 15. August 1988 erklärt Papst Johannes Paul II.:

«Die Würde der Frau ist eng mit der Liebe verknüpft, die sie aufgrund ihrer Weiblichkeit selbst empfängt, und andererseits mit der Liebe, die sie ihrerseits schenkt... Die Frau findet nur zu sich selbst, wenn sie ihre Liebe an andere weitergibt.

Man kann die Jungfräulichkeit, die Weihe der Frauen in Jungfräulichkeit nicht richtig verstehen, wenn man nicht auf die eheliche Liebe zurückgreift: denn in dieser Liebe wird die Person dem anderen zum Geschenk.

In einer so verstandenen Jungfräulichkeit findet die der weiblichen Persönlichkeit innewohnende Veranlagung zur Ehefrau eine Antwort.

Die Frau, die schon "am Anfang" berufen wurde geliebt zu werden und zu lieben, findet in der Berufung zur Jungfräulichkeit zunächst Christus, den Erlöser, der in der vollkommenen Hingabe seiner selbst bis zum Ende geliebt hat, und sie antwortet auf diese Hingabe mit der uneigennützigen Hingabe ihres Lebens. Sie schenkt sich also dem göttlichen Gemahl, und die Hingabe ihrer Person ist auf eine rein geistige Vereinigung gerichtet: Durch das Wirken des Heiligen Geistes wird sie "ein Geist" mit Christus, ihrem Gemahl.

Das kann man nicht einfach damit vergleichen, daß sie ledig bleibt, denn die Jungfräulichkeit ist nicht darauf beschränkt, nein zu sagen, sondern sie enthält ein tiefes Ja ehelicher Art: die vollkommene, ungeteilte Selbsthingabe, um zu lieben.

Die Frau wird "geehelicht", sei es im Sakrament der Ehe oder in einer geistigen Hochzeit mit Christus. Im einen wie im anderen Fall zeigt die Ehe die "uneigennützige Hingabe der Person" der Gattin an den Gatten.»

Die Liebe und das Kreuz

«Liebe, du bist stark, du bist schön, du bist mächtig», sagte Agnes von Langeac.

Eines unserer größten Probleme ist, daß wir träumen, statt zu leben. Statt an der Wirklichkeit zu hängen, sie mit offenen Armen aufzunehmen und unsere Füße auf den Boden zu setzen, um uns zum Himmel aufzuschwingen, leben wir in der Welt unserer Gedanken und Utopien, wir stolpern durch unsere Zeit von Täuschung zu Enttäuschung und verstehen nichts von alledem, was mit uns geschieht.

Wer ja zur Liebe sagt, wird eine Niederlage erleben, wenn er sich nicht darauf gefaßt macht, zu leiden und zu sterben, wenn er sich nicht sagt, daß er einen wunderbaren, aber gefährlichen Aufstieg beginnt und sich beim Hinaufsteigen vieler Dinge wird entledigen müssen, wenn er den Gipfel erreichen will.

Man will lieben, aber nicht leiden.

Man will die Liebe, aber nicht das Kreuz.

Doch ohne Kreuz keine Liebe.

Das Kreuz ist der größte Beweis für Gottes Liebe zur Menschheit, denn Er ist so weit gegangen, daß Er sein Leben hingab, um uns vom Tod und vom Unglück zu erlösen.

Eine größere Liebe hat niemand als die, daß er sein Leben für seine Freunde hingibt (Jh 15,13). *Er hat uns den Weg gezeigt, damit wir in seine Fußstapfen treten* (vgl. 1 Ptr 2,21).

Eine junge Frau, mit der ich mich während einer Einkehr sehr eingehend unterhalten hatte, schrieb mir einige Monate später:

> Ich war immer von einem unstillbaren Hunger erfüllt, zu lieben und geliebt zu werden. Seit ich meinen Mann kennengelernt habe, ist kein Tag vergangen, an dem ich Gott nicht gebeten hätte, ihn jeden Tag mehr zu lieben. Ich hatte wie alle Frauen eine sehr hohe Meinung von der Liebe und der Ehe und war erstaunt, daß es in der Wirklichkeit anders aussah als in meinem Kopf. Nach vielen Jahren, in denen es meine einzige Sorge war, immer mehr zu lieben, stieg in mir das folgende, unvorhergedachte Gebet auf: «Herr, schenke mir den höchsten Grad der Liebe.» Das mochte ehrgeizig erscheinen, war mir aber unbewußt gekommen. Ich wußte gar nicht, was für ein Grad der Liebe das wäre. Erst nach Jahren und nach vielen Entäußerungen wurde mir die Antwort als etwas Selbstverständliches gegeben: Eine größere Liebe hat niemand als die, daß er sein Leben für seine Freunde hingibt.
>
> Nach und nach verstand ich, was es bedeutet, sein Leben für seine Freunde hinzugeben. Früher hatte ich stets etwas erwartet, was aber nie eintraf. Ich sagte mir,

es genüge doch so wenig, damit ich glücklich wäre. Aber selbst das Wenige schien Gott mir nicht geben zu wollen und ließ mich mit meinem Hunger allein. Er wollte mich ganz anders glücklich machen, und zwar in der Hingabe meiner selbst, in dem Verzicht auf alle selbstsüchtigen Wünsche, um nur noch das Glück des anderen zu wollen. Ich verlangte immer mehr danach, meinen Mann zu erfreuen, herauszufinden, was am besten für ihn sei, was ihn am meisten freute und am glücklichsten machte. Je mehr ich auf meinen eigenen Nutzen verzichtete, desto fester wurde unsere Verbindung. Je mehr ich aus Liebe zu ihm aufopferte, desto glücklicher war ich in meinem tiefsten Wesen und desto besser konnte ich die Liebe aufnehmen, die er zu mir fühlte. Diese Hingabe meines Lebens hatte mich von jeder gierigen Erwartung befreit und fähig gemacht, die Liebe nun nicht mehr so anzunehmen, wie ich es wünschte, sondern als von Gott umsonst geschenkt.

«Lieben heißt alles hingeben, auch sich selbst», sagte die kleine Therese.

Im Grunde fürchtet man sich vor der Hingabe, weil man befürchtet, sich zu verlieren, weil man Todesfurcht hat. Man möchte sich entfalten! Aber was entfaltet sich? Selbstsucht, Eigenwille und Machtgelüste.

Und wenn ein solcher Tod gar kein Tod wäre, sondern ein Austausch, eine Lebenstransfusion?

Wenn es freilich ein Tod auf den Tod hin ist, ist das durchaus ungesund, und wenn das so ist, dann laßt uns *essen und trinken, denn morgen sind wir tot!* (1 Kor 15,32).

Wenn wir auf uns selbst verzichten und dabei nicht unser Nichts gegen sein Alles eintauschen, nicht unseren

Tod eintauschen gegen sein göttliches Leben, dann sind wir Masochisten und finden Gefallen an dem, was krankhaft ist.

Wer auf sich selbst verzichtet, tut das, um Gott allen Raum in sich einnehmen zu lassen und nur noch in dieser Wirklichkeit zu leben: *Nicht mehr ich lebe in mir, sondern Christus lebt in mir* (Gal 2,20).

Wenn Christus in uns lebt, werden davon selbstverständlich alle unsere Beziehungen verwandelt, und es geht nicht mehr darum, zu herrschen oder beherrscht zu werden, sondern sich in der göttlichen Liebe aneinander zu binden.

Läuterung der Liebe

Wenn man nicht grausam enttäuscht werden will, sobald eine Prüfung kommt, muß man wissen, daß jede Beziehung eine Läuterung durchmacht. Kaum begegnet unser Licht dem Licht des anderen, gibt uns das bereits einen Vorgeschmack des Himmels. Denn der andere erscheint uns im Lichte Gottes, in völliger Durchsichtigkeit. Seine Schwächen sind nicht mehr sichtbar oder verwirren uns nicht mehr, oder wenn wir sie sehen, stören sie uns nicht. Genau das geht bei der Begegnung vor sich.

Die Unmöglichkeit der Verständigung

Immer aber kommt auch der Augenblick, in dem unser Licht auf die Finsternis des anderen stößt, und dann erleben wir das Fegfeuer. Das ist sehr schmerzhaft; aber immer erhalten wir die Kraft, es anzunehmen, und weiter zu glauben und zu hoffen, daß der Weg offenbleibt. Und wenn unsere Finsternis auf die Finsternis des anderen stößt, wenn unsere Verletzung auf seine Verletzung trifft, dann sind wir in der Hölle. Die Hölle, das ist die vollkomene, endgültige Trennung von Gott und den anderen. Manchmal macht man die Erfahrung, daß sich die Herzen schon vor den Leibern trennen. Das ist eine ganz und gar irrationale Lage, in der keine Verständigung mehr möglich ist und alle Bemühungen an einer Mauer der Verständnislosigkeit scheitern. Als einziger Ausweg bleibt, sich in die Stille zurückzuziehen, sich an Jesu Herzen zu bergen und ganz Ihm zu überlassen. Wesen, die einander lieben, können bei einem Mißverständnis zu den schlimmsten Feinden werden und einander grausam leiden lassen, ohne das auch nur im geringsten zu wollen. Bei jedem Annäherungsversuch trifft er auf die Unfähigkeit des anderen, ihn aufzunehmen, und umgekehrt. Sie gleichen Menschen, die in Treibsand geraten sind. Die kleinste Bewegung läßt sie nur noch tiefer einsinken. Nur nicht bewegen, nur nicht sprechen! Jedes menschliche Bemühen ist zum Scheitern verurteilt. Es ist die Stunde des Wartens in der Stille und Zuversicht auf Gottes Hilfe. Wie Gabriele gewartet hat:

> Mein Mann stammt aus einer Familie mit nur einem Elternteil, ich aus einer geschiedenen Familie. Bei unserem Ehevorbereitungsunterricht hatte ich mir gemerkt, daß wir jemand heiraten, der noch unvollständig ist. Mit der Gnade Gottes soll sich ein neues Wesen offenbaren, das Paar soll eine eigene, neue Identität entwickeln, in der jeder seine eigene Berufung und seine eigenen Reichtümer besitzt. Man soll einander möglichst helfen, aus sich herauszukommen, wobei jeder seine eigene Berufung entdecken und danach leben soll.
>
> Wie hoffnungsvoll oder vielleicht auch voller falscher Erwartungen unsere Verlobungszeit war, so sehr empfand ich beinahe gleich nach unserer Hochzeit eine

tiefe Enttäuschung. Das war nicht mehr der gute Kerl, den ich geheiratet hatte. Es schien wirklich so, als könnten wir uns mit Worten nicht mehr verständigen. Ich konnte mich nicht verständlich machen, bestimmte Dinge vermochte ich nicht zu erklären und fühlte, daß ich nicht verstanden wurde. Ich konnte mit Händen greifen, wie das Gewicht der Verletzungen aus der Kindheit jemanden gleichsam ertränken kann und ihm die geringste Bewußtwerdung einer unbedeutenden Alltäglichkeit unerträglich macht. Schon sehr bald kündigte sich jedoch ein erstes Kind an. Ich sagte mir immer wieder, diese Heirat sei eine Fehlentscheidung und ich würde gehen; als mir aber klar wurde, daß dieses Kind kommen und in einer Familie mit nur einem Elternteil oder einer gespaltenen Familie leben würde, fühlte ich mich seinetwegen wirklich in der Falle. Es gab keine Lösung. So wie meine Ehe war, erschien mir die Fortsezung unmöglich. Eine Scheidung erschien mir wegen des Kindes vollkommen unmöglich. So entschloß ich mich, von einem Tag auf den anderen zu leben.

Ein paar Jahre darauf, als wir eine besonders schwere Zeit durchgemacht hatten und ich entschlossen war zu gehen, weil ich alles versucht hatte und keinen Ausweg mehr sah, hörte ich in meinem Herzen eine Stimme: «Nein, du hast noch nicht alles versucht; du hast das Handeln nicht mir überlassen.» Dabei war ich in all den Jahren des guten Glaubens gewesen, ich hätte den Herrn wirken lassen, weil ich ehrlich bemüht war, sein Wort und die Ratschläge, die ich bekommen hatte, in die Tat umzusetzen. Ich antwortete: «Also gut, jetzt bist du dran, tue etwas!» Wochen und Monate vergingen. Ich weiß nicht mehr, ob ich noch viel an das Wort, das ich im Herzen vernommen hatte, dachte, aber im Juni war ich wieder fest entschlossen, meinen Mann zu verlassen, als mein Bruder bei einem Autounfall ums

Leben kam. Wir warteten auf seine Leiche. Ich war innerlich nicht gerade freudig gestimmt, aber weil die Familie etwas zu essen brauchte, ging ich zum Einkaufen. Plötzlich fühle ich mich mitten auf der Straße wie von Freude überschüttet, innerlich von übergroßer Freude erfüllt und hörte im Herzen eine Stimme sagen: «Preise den Herrn für deinen Mann.» Das gehörte bestimmt nicht zu den Gedanken, die mir in dem Augenblick unwillkürlich durch den Kopf gegangen wären. Ich ging also nach Hause und war entschlossen, nicht mehr fortzugehen, ganz einfach und ohne überhaupt herausbringen zu wollen, wie das nun gehen sollte.

Jahrelang war es wie ein Kampf, und sehr regelmäßig samstags war ich versucht, alles hinzuwerfen und fortzugehen. Sonntags ging ich in die Messe und sagte erneut ja zum Herrn. Montags ging es dann weiter, bis es am Freitag und Samstag wieder anfing. Ich glaube, der Herr hat mich von Eucharistie zu Eucharistie zu Hause festgehalten.

Die tiefsten Versöhnungen geschehen in der Stille. Aber wie schwer uns das fällt! Wir wollen alles lösen, und zwar sofort, machen dabei die Angelegenheiten im allgemeinen aber nur noch verwickelter; denn unser Herz ist nicht rein. Nur Gott kann bis ans Ende dessen, was unentwirrbar ist, gelangen, wenn wir uns Ihm anvertrauen. Wir müssen jedoch demütig genug sein, anzuerkennen, daß wir nicht Herr der Lage sind und daß alle unsere Bemühungen umsonst waren.

Die Wahrheitsprüfung

Sehr oft lieben wir Bilder oder Projektionen von uns selbst. Wir lieben den anderen nicht so, wie er ist, sondern so, wie wir ihn uns wünschten. Die Beziehung zwischen Eheleuten gründet sich oft auf falschen Vorstellungen, und sie müssen notwendigerweise durch ein Feuer, um sich in Wahrheit zu lieben.

Wenn ich nach der stärksten Lehre gefragt werde, die ich aus sechzehn in der Gemeinschaft verbrachten Jahren gezogen habe, kommt mir sofort zum Bewußtsein: «Wir haben gelernt, uns in Wahrheit zu lieben.»

Wie in der Ehe läßt sich eine Täuschung in der Gemeinschaft schwerlich lange aufrechterhalten. Keine Möglichkeit, etwas vorzutäuschen! Sehr bald steht man vor der Wirklichkeit, der des anderen und der eigenen.

Wir entdecken ganz unerwartet Reaktionen in uns, die uns durchaus nicht zur Ehre gereichen und die wir bei uns ebensowenig wie bei den anderen billigen. Diese Wahrheit ist manchmal sehr verletzend und wird als Verrat empfunden, weil man den Eindruck hat, getäuscht worden zu sein.

Heutzutage flieht man, wenn man so weit gekommen ist. Jeder schließt sich in sein Ghetto ein und wählt sich sorgfältig Menschen aus, die ihm gleichen, damit er sich nur nicht selbst in Frage zu stellen braucht. Es ist leicht, sich zurückzuziehen und beim Auftauchen von Schwierigkeiten weiter wegzugehen, wenn man niemandem verpflichtet ist.

Zuweilen wird die Wahrheit auf ulkige und rührende Weise offenbar:

> Bei einer Gelübdefeier stieß mir eine ganz unerwartete Geschichte zu, die aber für mich zu einer Offenbarung wurde, wie ich meinen Mann aufnehmen, von Gott empfangen sollte.

An jenem Tag war die Kirche voll, und viele hatten keinen Sitzplatz gefunden. Ein erwachsener Mann, sichtlich geistig behindert, bahnte sich den Weg bis zu mir hin und setzte sich auf meine Knie. Das war so ulkig, daß das ganze Seitenschiff zu lachen begann, und ich hatte den etwas seltsamen Eindruck, daß dieser erwachsene Behinderte sich auf meinem Schoß ausruhen kam wie ein Kind auf dem Schoß seiner Mutter. Ich sagte mir, ich müsse meinen Mann wegen weit in die Vergangenheit zurückreichender Dinge aufnehmen wie ein verletztes Kind. Gott hat zwar die Macht zu heilen, zu verändern und Steine in Kinder Abrahams zu verwandeln; aber vielleicht wollte Er, daß ich meinen Mann in dieser Weise annähme. Es war kein Wort der Erkenntnis, das war eine prophetische Handlung!

Untreue

Die Liebe macht Läuterungen durch, sie macht auch Krisen durch, die bis zur Untreue gehen können. Der Mann und die Frau erleben sie auf verschiedene Weise.

Im allgemeinen wirft es die Frau um, wenn sie bei ihrem Mann eine Untreue entdeckt, und sie versucht die Dinge immer auf dem Weg des Gesprächs zu lösen. Sie ist so tief verletzt, daß sie selbst verletzend wird und dem Mann gar nicht die Möglichkeit gibt, zurückzukommen. Aber alle Möglichkeiten bleiben offen, wenn sie weiter treu ist und liebt, und es ist die Gnade der Frau, die Liebe auch dann zu bewahren, wenn sie bedroht ist. Sie kann der Untreue ihre Treue entgegensetzen und sich in ein Schweigen hüllen, das nicht verletzend wirkt. Der Weg der Umkehr kann zwar lang und schwierig sein, bleibt bei einer solchen Haltung jedoch offen. Das ist oft der Augenblick, in dem die Frau sich in Frage stellt: Vielleicht hat sie nicht genug geliebt? In dem Wunsch, eine ideale Liebe zu leben, konnte sie sich nicht hingeben und sich selbst vergessen, um für ihren Mann das Glück zu sein.

In einer solchen Verwirrung reagiert sie oft unbeherrscht und unheilvoll. Sie ist in Panik, sie schlägt um sich, um nicht zu ertrinken, und geht unter...

Sobald die Frau sich aber hoffnungsvoll an Gott wendet, versteht sie, daß es sich hier nur um einen Sturm handelt, und nicht um Schiffbruch.

Die Einheit jedoch, die Gott für den Mann und die Frau will, ist etwas Wunderbares. Wir dürfen nicht denken, sie sei gar nicht zu verwirklichen; denn Gottes Verheißungen sind wahr. Selbst wenn wir etwas ganz Unmögliches getan haben und vor der Niederlage stehen, Gott verläßt uns nicht. Er wird uns mit dem Guten überraschen, das er schließlich aus dem Bösen gewonnen hat.

Möchten wir doch zutiefst gewiß sein, daß Gott auch tut, was Er sagt, damit wir uns im Glauben unseres Erbes bemächtigen. Was Gott für uns will, das ist der Friede, der alles Verstehen übersteigt:

Frieden hinterlasse ich euch, meinen Frieden gebe ich euch (Jh 14,27), und vollkommene Freude: *Das habe ich zu euch geredet, damit meine Freude in euch sei und eure Freude vollkommen werde* (Jh 15,11).

Und schließlich ist da noch die Liebe. Diese drei Dinge kann Er uns nicht verweigern.

Nun bewähren Friede, Freude und Liebe sich aber in der Feuerprobe des Leidens. Fürchten wir uns doch nicht vor Schwierigkeiten, fürchten wir uns nicht vor Widerspruch oder Prüfungen. Aber laßt uns mitten im Leiden die Fülle der Liebe Jesu finden.

Laßt uns keinen Abstand zwischen uns und dem Kreuz schaffen. Wir wollen sofort dem zustimmen, was uns auferlegt ist. Zustimmung ist das Gegenmittel bei Auflehnung. Was uns leiden läßt, ist die Zeit, die wir brauchen, um das Kreuz anzunehmen und zu umarmen. Wenn wir uns sofort auf die Knie werfen, sobald das Leid da ist, und es umarmen und annehmen, empfangen wir im selben Augenblick die Gnade.

Wenn wir leiden, wollen wir uns erinnern, daß auch Maria gelitten hat, und sie bitten, uns leiden zu lehren, um von dem Gewicht des Kreuzes nicht erdrückt zu werden und die Erfahrung zu machen, *daß sein Joch sanft und seine Last leicht ist* (vgl. Mt 11,30), und *daß Gott uns nie über unsere Kräfte prüft* (vgl. 1 Kor 10,13).

Es sollte zu den Grundsätzen der Erziehung gehören zu lehren, wie man recht leidet, damit unsere Kinder nie wehrlos vor einer Widrigkeit stehen und mit Freuden leben. Im allgemeinen tragen wir Lasten, die wir nicht tragen müßten, und sorgen uns um Dinge, die nie eintreten und nichts als ein Erzeugnis unserer Einbildungskraft sind. Wir lassen uns von unnötigen Leiden überwältigen, weil wir einfach nicht gleichmütig anzunehmen wissen, was uns zustößt.

Das Kreuz ist kein Marterwerkzeug, es ist ein Liebesbett, der Ort der Einswerdung mit Christus. Es ist der Beweis der größten Liebe, mit der er uns geliebt hat. Das Kreuz ist in unserem Alltag alles, was uns zuwider ist, was sich unserem Willen oder unserer Empfindsamkeit widersetzt, alles, was wir nicht bewältigen können. Es kann sich in verschiedenen Gestalten zeigen, durch Ereignisse oder Menschen. Meistens kommt es durch unsere Nächsten und Liebsten zu uns.

Die verbreitetste Haltung ist dann die Empörung, die Nicht-Annahme dessen, was uns zustößt. Dadurch werden wir in unerträgliche Leiden gestürzt, die uns erst niederwerfen und dann verbittert und enttäuscht zurücklassen. Manche ziehen die Flucht vor und betäuben sich mit billigen, flüchtigen Vergnügen, um nicht mehr denken zu müssen. Andere, die keinen Ausweg aus ihrer Lage wissen, passen sich ihr in einer Art Fatalismus an, der jedoch genau das Gegenteil eines Vorgehens nach dem Evangelium bedeutet.

Die richtige und förderlichste Haltung besteht darin, ruhig anzunehmen, was uns zustößt, und uns daran zu erinnern, daß wir Kinder Gottes sind, *daß Er uns geschaffen hat und wir Ihm gehören* (vgl. Ps 95, 6-7), daß alles, was uns berührt, auch Ihn berührt, und Er uns so sehr liebt, *daß Er alles zu unserem Besten geraten läßt* (Röm 8,28). Eine solche Haltung verhindert schon viele Leiden, weil die meisten unserer Selbstsucht und unserem Eigenwillen entspringen. Sie macht uns auch fähig, das wahre Kreuz zu umarmen, jenes, das uns erlöst und von uns selbst befreit, weil es uns erlaubt, über uns selbst hinauszuwachsen und uns vollkommen Christus zu überliefern.

Die Macht der Auferstehung

Wenn die Liebe scheinbar tot ist, ist der Augenblick gekommen, um an die Macht der Auferstehung zu glauben und zu verkünden, daß der Herr allmächtig ist und erneut Leben schenken kann, wenn alles verloren scheint.

In den Augen der Menschen ist das Kreuz ein Sinnbild für das aufsehenerregendste Scheitern der Geschichte. Der, der als Erlöser gekommen war, wurde von denen, die auf sein Kommen gehofft hatten, nicht anerkannt.

Unrühmlich endete er am Galgen, von den Menschen verworfen, von den Seinen verlassen, nur von einigen Frauen und einem jungen Mann umgeben. Sie waren Zeugen seines Todes und wurden auch Zeugen seiner Auferstehung.

Wenn Christus nicht auferstanden ist, sind wir die unglücklichsten der Menschen, ruft der heilige Paulus aus (vgl. 1 Kor 15,19).

Das ist die Botschaft, die die Frauen weitergeben sollen; denn ihnen vertraut der Engel den Auftrag an: *Geht und sagt den Jüngern: Er ist auferstanden und geht euch voran nach Galiläa* (vgl. Mk 16,7).

Der auferstandene Christus ist zuerst ihnen erschienen. Er nimmt den Weg über sie, um seinen Jüngern die «gute Nachricht» zu verkündigen. Heute muß die Frau ihren Auftrag in dieser gottlosen Welt ernster denn je nehmen, in der viele falsche Erwartungen von einer besseren Welt aufgestiegen sind und wo man allmählich auf jedem Gebiet das Scheitern feststellen muß. Sie soll verkündigen, daß Christus wahrhaft auferstanden ist und durch seinen Sieg über den Tod alle unsere Niederlagen auf sich genommen hat. Sie soll den Mann dazu bringen, geistige Waffen zu ergreifen, um den guten Kampf des Glaubens zu kämpfen und nun seinerseits zum begeisterten Zeugen der Auferstehung zu werden.

Mutter

1.

Die Frauen wollen keine Kinder mehr bekommen

«Immer wenn ich ein blumenbekränztes Kreuz sehe, sage ich mir, daß das ein Sinnbild für das Leben der Frau ist. Das Leben und die Berufung der Frau sind Rosen und Kreuz zugleich. Das bedeutet, daß sie für die anderen leben und deren Glück suchen soll, selbst um den Preis ihres Blutes» (Kardinal Mindszenty[1]).

Mutter weil Ehefrau

Wenn die Frau voll und ganz Ehefrau ist, wird sie voll und ganz Mutter. Keine Mutterschaft ohne Vermählung, ohne Vereinigung in Selbsthingabe und Annahme des anderen.

Ein Kind im Schoß zu tragen und in der Gabe des eigenen Fleisches und Blutes so innig an der Schöpfung teilhaben zu können, ist für die Frau eine großartige

1 Kardinal Mindszenty: La mère, miroir de Dieu (Die Mutter, der Spiegel Gottes).

Gnadengabe. Ihr ganzes Wesen ist auf die Berufung zur Mutterschaft hin angelegt. Das zu leugnen und ihren biologischen Rhythmus anzutasten, um alles Hinderliche aus dem Leben einer Frau auszuschalten, damit sie dem Mann gleich wird, ist im Grunde eine schwere Verstümmelung bis hinein in die tiefen Schichten ihres Unbewußten. Damit macht man sie unfruchtbar. Die Frau ist aber dazu geschaffen, leiblich und seelisch Mutter zu werden. Nur wenn sie ihrer Berufung treu ist, kann sie sich voll entfalten. Wenn sie nicht das Glück hat, einen Ehemann zu finden, kann sie das noch größere Glück haben, ihrem Herrn zu begegnen und sich mit ihrem Gott zu vermählen. Sie wird dann nicht leiblich Mutter werden, sondern geistlich. Es ist furchtbar, sein Leben lang Mädchen zu bleiben, ein «altes Mädchen» zu werden. Jede Frau ist dazu geschaffen, Mädchen, Ehefrau und Mutter zu sein: Mädchen als Tochter Gottes, Ehefrau als Braut Christi und Mutter der Menschen, ja der Menschheit, in einer Mütterlichkeit, die über das Fleisch hinausreicht und für ihr tiefstes Wesen grundlegend ist.

Die Frauen weigern sich, Leben zu geben

Das hat tiefere Auswirkungen auf die Zukunft unserer Welt, als man zugeben möchte. Ihre Weigerung, leiblich zu gebären, macht sie geistlich unfruchtbar, unfruchtbar für die Menschheit, weil Gott sich dann keine Söhne und Töchter mehr erwerben kann.

Jemand hat einmal gesagt, der Böse sei viel eifersüchtiger auf die Frau als auf den Mann; denn sie habe zuallernächst den Auftrag, Leben zu sein, Leben zu schenken und Kinder zur Welt zu bringen und dadurch engstens am Plan Gottes teilzuhaben. Die Schlange wisse, daß sie sich nur der Frau zu bemächtigen und ihre lebenspendenden Fähigkeiten zu verringern braucht, um Gott in seinem Plan zu behindern.

Wenn die Frau sich ihrer unersetzlichen Berufung nicht stellt und die Gnade der Mutterschaft nicht annimmt, wenn sie nicht wieder Mutter wird, rennt die Welt ins Verderben. Wie wird unsere Zukunft aussehen, wenn es keine Mütter mehr gibt? Was wird dann aus unseren Kindern? Wie will Gott sie sich zu eigen machen, wenn niemand sie zur Welt bringt?

Von der Beherrschung der Fruchtbarkeit zur Ablehnung des Gebärens

In einer Welt, die das Leben einer großen Familie oder ganz allgemein der Familie nicht eben begünstigt, ist es vollkommen verständlich, daß man die Fruchtbarkeit in den Griff zu bekommen versucht. Es ist gut, nicht völlig unüberlegt zu handeln, damit man in verantwortlicher Vaterschaft und Mutterschaft die Zahl der Kinder auf die eigenen Möglichkeiten abstimmt. Die Kenntnis des weiblichen Körpers, seiner Rhythmen und Fruchtbarkeitszeiten ermöglicht die Begrenzung der Geburten, um auf diese Weise dem einzelnen gerecht werden zu können. Dieser an sich berechtigte Wunsch kann sich bedauerlicherweise in einen selbstsüchtigen verwandeln: Dann stehen nicht mehr die Belange des Kindes im Vordergrund, sondern die Selbstsucht des Mannes und der Frau, die sich an Gottes Stelle setzen, wenn sie über Sein und Nichtsein entscheiden und Herr ihres Schicksals sein wollen.

Auf diesem Weg kommt es zu Verirrungen, bei denen man sich wundert, daß sie niemanden mehr aufregen. Eine meiner Freundinnen, die bei CLER[1] arbeitet, erzählte mir, wie in ihrem Provinzstädtchen eine junge Frau mehrfach eine *in vitro* Befruchtung habe durchführen lassen, bis sich nach mehreren Implantationsversuchen von Embryonen schließlich der Erfolg einstellte. Da ihr das Geburtsdatum des Kindes jedoch nicht paßte, mußte der ganze Versuch von neuem begonnen werden. Darüber war selbst der Arzt empört. Hat er jedoch tiefer über die Berechtigung solcher Unternehmen nachgedacht? Ich weiß es nicht. Wichtig ist unsere innere Einstellung zu all diesen Fragen. Gehen wir demütig genug und mit dem wahren Wunsch heran, Gottes Willen in unserem Leben zu erkennen, sind wir aber auch großmütig genug?

Dabei ist wesentlich, daß wir immer offen bleiben für Gottes Gaben. Wenn die Frau in ihrem Herzen bereit bleibt zu gebären, wofür Gott sie bestimmt hat, kommt sie zur Entfaltung. So tritt die Unfruchtbarkeit nicht als etwas Ungutes in Erscheinung, sondern als Vorbereitung auf eine außergewöhnliche Geburt, wie man es in der Bibel sieht.

Ich habe nie ein Kind gesehen, das nicht ein Segen gewesen wäre. Anfänglich wirft ein unerwartetes Kind alle unsere Pläne über den Haufen und verwirrt uns. Und doch ist es immer eine Gottesgabe, und wenn es als solche angenommen wird, dann vereinigt es die Familie. Alle schart es um sich, und jeden bringt es von seiner Selbstsucht ab. Es versöhnt Vater und Mutter und führt die Geschwister zusammen.

---

1 CLER: Verbindungszentrum der Forschungsgruppen über Liebe und Familie. Anerkannte gemeinnützige Einrichtung zur Beratung in Ehe- und Familienfragen.

Gott ist der Vater jedes Kindes; er gibt es nicht auf. Die Eltern können Ihm vertrauen und sich seiner Vorsehung überlassen. Unbestritten ist unsere Gesellschaft gegenwärtig in einem solchen Zustand, daß es manchmal heldenhaft erscheint, eine große Familie zu haben. Viele meiner Freundinnen sahen sich den Angriffen der Ärzteschaft ausgesetzt, wenn sie ihr viertes Kind erwarteten. Sobald sich die geringste Wahrscheinlichkeit für ein möglicherweise auftauchendes Problem ergab, wurde gleich eine Abtreibung vorgeschlagen. Daß sie das Kind wollten, wurde überhaupt nicht verstanden. Dank sei Gott, sie alle bekamen prächtige Babies und hatten eine unerwartet große Freude daran.

Sein Leben geben, um Leben zu schenken: Mutterschaft als Behinderung

Es ist sicherlich kein Zufall, daß Gott zur Frau sprach: *Du mußt dich unterordnen, der Mann soll über dich herrschen* (vgl. Gn 3,16). Denn von Natur aus ist die Frau eher in Gefahr zu beherrschen, und zwar eben aufgrund ihrer Macht über das Kind, das sie geboren hat. Diese heimtückische, aber tiefverwurzelte Neigung ist wie eine Verkehrung der Mutterliebe, die besitzergreifend wird, statt aufopfernd zu sein.

Die Frau sah keine andere Lösung, der Allmacht des Mannes zu entrinnen, als so zu werden wie er, ohne zu bemerken, daß sie dadurch ihre Weiblichkeit verleugnen müßte. So wurde die Mutterschaft zu einem Haupthindernis, das es unbedingt in den Griff zu bekommen galt: Es ist unmöglich, wie ein Mann zu arbeiten, wenn man ein Kind erwartet.

Machen wir uns die menschlichen, und geistigen Folgen dieser Tatsache für unsere Gesellschaft klar? Die Frauen wollen nicht länger Leben schenken. Sie sind nicht mehr bereit, sich dafür zu opfern, daß ihre Kinder richtige Männer und Frauen werden, und keine verletzten Wesen, die zwar mit materiellen Dingen vollgestopft sind, aber das Wesentlichste entbehren mußten: eine Mutter, die sie so sehr liebt, daß sie ihr Leben für sie einsetzt.

Wer aber wird «das Leben» weitergeben, wenn die Frauen für die, die sie lieben, nicht mehr ihr Leben einsetzen wollen? Keine Mutterschaft ohne Opfer, ohne Selbsthingabe.

Es ist wirklich ein Opfer und grenzt manchmal an Heldentum, wenn man im Alltag sein Leben, also seine Zeit und seine Kraft usw., einsetzt.

Wenn man von Mutterschaft spricht, ist damit nicht nur die Tatsache gemeint, Kinder zu haben. Es handelt sich um jene Fähigkeit der Frau, ihr Leben einzusetzen, indem sie sich selbst einsetzt, ganz gleich ob sie ledig, geweiht oder verheiratet ist oder keine Kinder bekommen kann. Jede Frau hat den Leib einer Mutter, den Verstand und das Herz einer Mutter, und ihre Mütterlichkeit ist dazu berufen, sich mehr und mehr zu entfalten und allumfassend zu werden. Aber man muß wieder einen Sinn für das Opfer entwickeln, man muß sich mit all diesen Worten versöhnen, die uns so allergisch gemacht haben, und die doch geistig und religiös so Wunderbares meinen. Die Überlegenheit des Menschen über das Tier beruht in der Tat auf seiner Fähigkeit zum Opfer aus Liebe, und nicht aus Pflicht oder Notwendigkeit.

Gott hat jeden Menschen zur Teilnahme an seinem Schöpferwerk berufen, jeden nach seiner besonderen Berufung. Die Frau hat er berufen, in all ihren Beziehungen zur Schöpfung Mutter zu sein, und Mutter sein bedeutet, sein Leben einzusetzen. Gott wollte die Frau nötig haben, um sein eigenes Leben weiterzugeben, so wie Er des Mannes bedarf, um seine Väterlichkeit weiterzugeben.

Viele Frauen haben ihre Identität als Mutter aufgrund aller damit verbundenen Zwänge und des von ihr erwarteten Verzichts zurückgewiesen. Kein Wort ist unserem Empfinden heute fremder als das Wort «Opfer». Wenn man es unglücklicherweise ausspricht, wird gleich ein mystisches Delirium vermutet und man bekommt den guten Rat, einen Psychiater aufzusuchen. Ich mache keine Scherze; einigen meiner Freundinnen, die eine Zeit der Prüfung durchmachten und dabei trotz allem ganz ausgewogene Menschen waren, ist das tatsächlich passiert. Denn die Sprache des Glaubens wird nicht geduldet, und man wird sofort für einen Schwärmer gehalten.

Trotzdem, wer liebt, ist bereit, für das Glück seiner Lieben alles aufzuopfern, sogar das eigene Leben. Daran erkennt man übrigens die wahre Liebe.

Mutterschaft und das Hingeben des Blutes

Sein Leben geben heißt, sein Blut zu vergießen. Wenn man sein gesamtes Blut eingebüßt hat, hat man das Leben eingebüßt. Eine solche Hingabe des Blutes, um Leben zu schenken, liegt zutiefst im Wesen der Frau. Viele ledige oder geweihte Frauen erleben ihre Regel schmerzlich, als etwas völlig Unnützes, weil sie ja doch kein Leben schenken werden. In gleicher Weise führt die Ablehnung des Frauseins bei manchen dazu, daß die Regel aufhört. Vielleicht haben sie die Freude nicht begriffen, die sie haben könnten, wenn sie verstünden, daß hier ein sicheres Zeichen für die Bestimmung zur Mutterschaft vorliegt, die Gabe des Blutes. Dadurch lädt Gott sie zur Ganzhingabe ein, deren Frucht die geistliche Mutterschaft ist. So können sie diese Gabe ihres Blutes in eine Opfergabe zu geistlicher Fruchtbarkeit verwandeln.

Es stimmt, daß die Frau schwächer wird und an Kraft, an Lebendigkeit einbüßt, wenn sie ihr Blut gibt. Aus diesem Grund erlebt sie das stets als eine Behinderung. Es ist nicht immer leicht, eine Frau zu sein mit einem Leib, der ständigen Schwankungen unterworfen ist. Die Männer machen sich diese Anfälligkeit gar nicht recht klar. Es gibt Zeiten, in denen sie reizbarer ist und sich nur mühsam beherrscht. Sie ist von dem Menstruationszyklus abhängig, der sie verletzlicher macht und ihre Empfindlichkeit manchmal überschießen läßt. Was sie sonst spielend meistert, erscheint ihr jetzt unüberwindlich. Wenn sie sich gehenläßt, weint sie aus nichtigen Anlässen und wird unausstehlich. Das ist dann der Augenblick, in dem sie sich in sich selbst zurückzieht und die verschiedensten Gründe findet, warum sie sehr unglücklich ist. Sie meint, nicht recht geliebt zu werden, und alles wird zum Anlaß von Vorwürfen.

Aber Gott verherrlicht sich in dieser Schwachheit, er läßt sie eine Frucht hervorbringen. Es ist sehr wichtig, daß sie ihr Dasein als Frau bis in ihr Intimleben hinein annimmt.

Lydia hatte ihre Weiblichkeit abgelehnt:

> Ich war immer der Meinung, Frau zu sein sei eine Behinderung, aber auch eine Waffe gegen die anderen.

Welches Bild war mir von der Frau geboten worden? Das Bild, zutiefst verletzt, ständig mißbraucht und minderwertig zu sein. Darum habe ich den Spieß sehr bald umgedreht; ich trieb wie wild Sport, kleidete mich wie ein Junge, drückte mich sehr gewöhnlich aus und lebte gefährlich, denn mein Leben erschien mir ungerecht und hohl. Ich war mir sicher, daß die Freiheit darin bestand, seine Lebensbedingungen zu verändern und irgendwann mit dem Leben aufzuhören. Ich benutzte die anderen nur, und wenn ich genug hatte, verschwand ich wieder. Ich habe auch eine Menge Männer gekannt; den Begriff der Reinheit hatte ich nie auf das Körperliche bezogen; denn etwas in mir war heil geblieben, wie ein Kind. Als ich dann älter wurde, wollte ich gern ein Kind haben. Nicht um eine Familie zu gründen, dafür hatte ich gar keinen Sinn. Aber durch die Aktivitäten, in die ich mich gestürzt hatte, um vor dem, was ich hätte sein können, zu fliehen, fühlte ich so etwas wie das Bedürfnis oder den Wunsch nach Vollendung in meinem Leib. Auch das «Kinderkriegen» stellte eine große Freiheit für mich dar! Ich konnte einem Kind das Leben schenken, doch hatte ich ihm nichts zu bieten, keinerlei Zärtlichkeit, Sanftheit und Liebe. Alles das war in meinem Innersten verschüttet, und ich war durchaus entschlossen, niemals eine derartige Schwäche zu zeigen! Ich bekam meinen kleinen Jungen und fing schon bald darauf die alte Jagd nach dem Nichts wieder an.

Als Gott kam, um mich neu leben zu lehren, war ich verloren. Ich war seit beinahe drei Jahren schon nicht mehr unwohl gewesen. So gut wie nie hatte ich ein Kleid getragen. Nach unserer Weihe an Maria beschloß ich eines Tages, meine Identität als Frau anzunehmen; wohl wissend, daß es eine ganze Weile dauern würde, bis ich Gottes Auffassung von einer Frau gleichen würde, und auch um die Jungfrau Maria nachzuahmen, zog ich ein Kleid an. Eine Viertelstunde später war mein Zyklus wieder normal. Ich sollte neu geboren werden, sollte die Schönheit Gottes in mich aufnehmen, aufhören zu verführen und statt dessen ohne Gegengabe lieben, einfach, weil ich dazu geschaffen bin.

Die Reinheit, die heute in mir ist, ist die Reinheit meines Herzens, das gerade erst wiedergeboren ist. Es ist wie ein Ort, der sich jahrelang verschlossen hatte und nun endlich das wahre Licht und das wahre Leben wiederentdeckt. Endlich lebt es! Ich entdecke in mir jene Schwäche, die mich so viele Jahre lang gekränkt hatte. Ich fühle, wie sie wieder auftaucht und sehe sie als einen Schatz an. Denn darin liegt meine Kraft; weil ich schwach bin und mich auf jemand anderen stützen muß, vermag ich alles, wie Maria in Kana, die zuversichtlich und sicher war, daß Jesus ihr wegen ihrer Schwachheit nichts abschlagen konnte. Er sagte «Frau!» zu ihr, wie um damit allen Frauen zu sagen, sie würden in ihrer Schwäche alles erreichen.

Ist Gott im Hervorbringen der Schöpfung nicht Mutter? Darum bin ich sicher, daß die Frau einen Schatz in der Hand hat. Außerdem ist sie die Hüterin der Familie. Was ist heute aus der Familie geworden, diesem Ort, an dem Kinder und Großeltern sich einfinden, um miteinander zu leben? Was machen wir aus unseren Kindern? Sollen wir sie mit einer Lüge groß werden lassen, indem wir sie glauben machen, daß Männer und Frauen gleich sind? Nein! Der Mann ist einer, die Frau ist eine, und beide zusammen sind eins, ein Wesen, das Gott in ihrer Verschiedenheit erfüllt, damit sie zusammenfinden und Gott es ihnen in der Vereinigung gewährt, Kinder zu bekommen. Dann wird die Frau die Freundin Gottes sein, um Gottes Kind in sich zu tragen, und der Mann wird derjenige sein, der über das, was Gott ihm anvertraut hat, wacht. Ich meine, die Liebe sollte nicht länger in ihrer wahren Bedeutung verkehrt werden. Wir sind der Tempel dieser Liebe. Laßt uns im stillen als Dienerinnen dieser Liebe, in Treue und Zärtlichkeit wachsen. Dann werden wir vor Gott so sein, wie Er uns geschaffen hat. Unsere Reinheit wird nach dem Vorbild Marias eine Waffe gegen jede Abartigkeit und jede Lüge sein.

2.

Schmerz und Geburt

Zwischen Schmerz und Geburt besteht ein geheimnisvoller Zusammenhang, und zwar nicht nur bei der leiblichen, sondern auch bei der geistlichen Mutterschaft. Erstere ist ein Zeichen für eine viel tiefere Art von Mutterschaft der Frau, sie ist ein Teil ihres ureigensten Wesens, um den Menschen zum göttlichen Leben zu gebären. Dies hat sie mit Gott gemeinsam.

Wenn die Frau ein Kind zur Welt bringt, gibt sie etwas vom eigenen Leben, von ihrem Fleisch und Blut hin. Damit stirbt sie sich selbst, ihrem eigenen Nutzen, das heißt, daß sie wegen dieses kleinen Wesens, das da geboren werden soll, in alle Erschöpfung und Schmerzen des Leibes und die Traurigkeit ihrer Seele einwilligt. Wenn es dann da ist, gehört sie sich nicht mehr selbst. Tag und Nacht muß sie diesem Baby zur Verfügung stehen, das alles von ihr erwartet und allein von ihr leben kann. Sie muß auf ihre Unabhängigkeit verzichten, auf vieles, das sie zuvor tun konnte und sie befriedigte; aber wenn sie dieses wunderbare kleine Wesen entdeckt, erscheint ihr das auch nur natürlich. Das ist es freilich heute nicht mehr. Denn alles und alle um sie herum versuchen sie davon zu überzeugen, daß es unnütz ist, einige Jahre seines Lebens für das Glück zu opfern, ein Kind zur Welt zu bringen, ins Leben einzuführen und dadurch, daß sie ihr Bestes weitergibt, einen Mann oder eine Frau aus ihm zu machen. Man hat sie davon überzeugt, daß sie etwas Besseres zu tun habe, indem sie sich mit Wichtigerem befaßt!

Die Folgen der Sünde

Der Schmerz der Geburt ist eine Folge der Sünde. Mit dem, was für den Mann und auch die Frau wie ein Fluch aussieht, schenkt Gott ein Mittel, um das verlorene Paradies wiederzufinden. Beide haben sich vom ewigen Leben abgeschnitten, und nun zeigt Gott ihnen den Weg zum göttlichen Leben. Dieser Weg führt aber für den Mann wie für die Frau durch Leiden. Er klärt jeden der beiden über den Sinn seiner Berufung auf und bereitet ihre Aufopferung im erlösenden Opfer vor: Leiden des Mannes in seinem Handeln an der Welt, Leiden der Frau in der Weitergabe des Lebens.

Dem Mann wird gesagt: *Verflucht wird der Erdboden um deinetwillen. Unter Mühsal sollst du dich von ihm ernähren alle Tage deines Lebens* (Gn 3,17).

Man achtet nicht genug auf die Folgen des Sündenfalls für den Mann und denkt, nur die Frau sei geschädigt. Wo er früher nur die Hand auszustrecken brauchte, um die Früchte des Gartens Eden zu ernten, steht er nun fortwährend im Lebenskampf. Er muß sich mit den Dornen plagen, und sobald er aufhört zu arbeiten, erobern Gestrüpp und Dornen das Land zurück. Das erleben wir gleichnishaft in einigen Ländern Afrikas: Dort haben wir Brüder, die ständig darum kämpfen, daß die Erde Frucht bringt; wenn sie aber innehalten, wächst alles wieder zu.

Für den Mann ist die Arbeit der Weg zur Erlösung. Er steht für den Lebensunterhalt der Familie ein; auf diesem Weg, durch harte Arbeit, wird ihr Überleben gesichert. Psychologisch gesehen, ist der Mann dazu geschaffen, sich im Tätigsein hinzugeben. Darum ist Arbeitslosigkeit für den Mann schlimmer als für die Frau. Diese Geißel der Moderne beraubt den Mann des Mittels zu seiner Selbstverwirklichung, setzt ihn zum bloßen Fürsorgeempfänger herab und zerrüttet so die Familien.

Ein Mann ohne Arbeit ist ein erniedrigter Mann. Denn wenn er seine Arbeit ausführen kann, herrscht er wieder über die Erde und die Naturkräfte und nimmt auf diese Weise mit Gott an der Schöpfung teil. Darin kommt er ganz zur Entfaltung, findet er seine Würde und kann sich selbst und den anderen offenbaren, wer er ist.

Vor einigen Jahren kam es an kanadischen Hochschulen einmal zu furchtbaren Gewalttaten, die deutlich machen, wie sehr der Mann sich durch einen solchen Zustand der Dinge angegriffen fühlen kann. Studentinnen wurden von jungen Hochschulangehörigen grausam getötet, weil zum Nachteil der Männer alle Stellen von Frauen besetzt worden waren...

Muß die Berufstätigkeit der Frau deswegen in Frage gestellt werden? Nein, man muß lediglich das Wichtige vom weniger Wichtigen unterscheiden und dann seine Wahl treffen, indem man sich dem Willen Gottes, seinem Wunsch für unser Leben unterstellt, wobei jede eine andere Berufung hat. Wenn wir danach handeln, werden wir ernten, was wir gesät haben, oder vielmehr, wir werden nicht ernten, was wir nicht gesät haben.

Was die Frau betrifft, so sagt Gott zu ihr: *Zahlreich werde ich die Beschwerden deiner Schwangerschaft machen, und unter Schmerzen sollst du gebären* (Gn 3,16). In einer anderen Übersetzung heißt es: *Ich will deine Mühe und Plage vergrößern.*

Die Mühe bezieht sich auf die Schwierigkeit der Kindererziehung. Es liegt auf der Hand, daß die Bildung des Kindes nach dem Sündenfall und dem Auftreten der Sünde nicht ohne Schmerzen vonstatten gehen konnte. Denn zu dem Überlebenskampf des Mannes kommt der noch erbittertere geistliche Kampf um das Glück hinzu. Bei der Erziehung sind stetige Anstrengung und, Aufmerksamkeit in jedem Augenblick nötig, und klug müssen Festigkeit und Zärtlichkeit, Strafe und Ermutigung gegeneinander abgewogen werden, damit das Kind ein freier Mann oder eine freie Frau werden kann und nicht zum Gefangenen seiner Leidenschaften wird. Es ist ein ständiger Kampf gegen seine schlechten Neigungen sowie eine ständige Arbeit, um die guten zu stärken. Der Frau obliegt es nicht nur, ihr Kind zum menschlichen, sondern auch zum göttlichen Leben zu bringen. Sie ist dazu berufen, in ihren Kindern das Gnadenleben zu erwecken und zu entwickeln.

Wie schön ist der Ausdruck «ein Kind zur Welt bringen»! Er deutet bereits die Loslösung an, die von der Frau verlangt wird. Dieses kleine Wesen, das ein Stück von ihr selbst, Fleisch von ihrem Fleisch, ist, das soll sie darauf vorbereiten, sich der Welt zu stellen. Und sie soll sich selbst darauf vorbereiten, es abzugeben.

Anne hat erfahren, welche Beziehung zwischen dem Schmerz und der Liebe einer Mutter besteht:

> Meine kleine Tochter ist heute sieben Jahre alt, und ich liebe sie so, wie eine Mutter ihr geliebtes Kind nur lieben kann. Diese Liebe war jedoch nicht sofort da.

Zunächst einmal, wir sind eine Familie mit vier Mädchen und drei Jungen. Jedes ist ein einzigartiger Schatz! Meine kleine Tochter ist die fünfte nach einem Mädchen, zwei Jungen und wieder einem Mädchen. Diese neue Schwangerschaft war uns willkommen, und alles verlief ruhig und glücklich. Die Geburt war für die erste Juniwoche ausgezählt. Eines Tages im Mai «geht das Wasser ab», und in der nächtlichen Stille des Hauses bereite ich mich auf diese neue Geburt vor. Es ist vier Uhr morgens... Jedes Kind hat an seinem Frühstücksbecher ein kleines Briefchen und eine Überraschung, und gegen acht Uhr fahren mein Mann und ich ins Krankenhaus. Wir werden von einer Hebamme aufgenommen, die mich freundlich ausschimpft, denn bei einer «Mehrgebärenden» muß man sich beeilen. Nun ist aber seit vier Uhr morgens nichts neues passiert, und so muß die Geburt eingeleitet werden. In ganz natürlichem Ton sagt sie mir, ich solle mich nicht aufregen, denn mit einer Periduralanästhesie sei die Einleitung schmerzlos.

Da liege ich dann tatsächlich auf der Seite mit einer Nadel im Rücken (übrigens kein sehr angenehmer Vorgang). Neben uns ein Gerät, dessen Zeiger auf- und niedergeht und gleichmäßige Berge auf ein Papier zeichnet... Das sind die Wehen... Ich spüre gar nichts... Mein Mann sitzt neben mir, wir sprechen kaum. Eine Geburt hat etwas Erhabenes, Geheimnisvolles, ja Göttliches an sich; wieder wird ein kleines, unbekanntes Wesen unser ganzes Leben verändern! Die Hebamme kommt regelmäßig und schaut nach, ob alles in Ordnung ist. Eine ganze Weile später sehe ich, wie die Berge zusammenrücken, und man sagt mir, das Baby werde gleich geboren... ein kurzes Zucken... Um mich herum ist alles in Bewegung, aber ich habe den unbestimmten Eindruck, so etwas wie eine Zuschauerin zu sein!

Dann kommt das Kind, unser Kind... ein dünner Schrei, und dieses winzige Etwas wird mir ans Herz gelegt. Aber darin rührt sich nichts! Nicht dieser Freudenausbruch, diese Glückstränen, diese himmlische Seligkeit... Ich schaue sie mir an, sie ist ganz klein und sehr niedlich, aber ich fühle weiterhin nichts, bin im Herzen wie betäubt... und sogar ein wenig unglücklich. Ein Gefühl der Enttäuschung macht sich breit. Meine Liebe ist wackelig, ihr fehlt etwas... ihr fehlt die Aufopferung all dieser Stunden der liebenden, weil in die Freude mündenden Leiden. Ihr Weg aus meinem in ihr Leben verlief ohne mich; ich habe den Eindruck, an diesem schwierigen Durchgang so wenig Anteil gehabt zu haben...

Nach und nach hat mein Herz sich für diese süße kleine Tochter geöffnet; denn das muß ich sagen, sie ist von all meinen Kindern die einzige, die recht oft von mir wissen will, ob ich sie liebhabe, und sich wie ein Kätzchen an mir reibt, um mich zu «fühlen»!

Später bekam ich noch zwei Kinder. Jedesmal wurde mir eine Periduralanästhesie angeboten; aber zur großen Verwunderung der Hebammen habe ich sie abgelehnt... Ich wollte diese Geburten miterleben, und vor allem wollte ich nicht noch einmal erleben, wie diese unwillkürliche, nicht der Vernunft entspringende Liebe, diese für ein ganzes Leben geschenkte Liebe einfach nicht da war.

Es wäre selbstverständlich dumm, das Leiden um seiner selbst willen anzustreben und eine Erleichterung von sich zu weisen, durch die man es besser annehmen könnte. In sehr vielen Fällen hat die Periduralanästhesie durch die Verminderung der Schmerzen auf ein erträgliches Maß zu einer leichteren Geburt geführt, sodaß manchmal ein Kaiserschnitt vermieden werden konnte. Auf diese Weise war es der Mutter möglich, sich ihrem Baby besser zuzuwenden und es in Frieden willkommenzuheißen.

Florence bezeugt:

> Ich hatte eine sechzehnstündige, sehr lange und mühevolle Geburt. Es war mein erstes Kind, und ich war nicht darauf gefaßt, so sehr zu leiden. Die ersten Stunden verbrachten mein Mann und ich im Kreißsaal. Ich versuchte, mit seiner Hilfe so zu atmen, wie ich es gelernt hatte. Unglücklicherweise wurden die Wehen immer kürzer und brachten keinen Erfolg, da der Muttermund sich immer noch nicht öffnete. Nach achtstündigem fruchtlosem Bemühen war ich vollkommen erschöpft und kraftlos. Dadurch wurde die Geburt in ihrem Fortgang behindert. Also machte man mir auf meine Bitte eine Periduralanästhesie, damit ich mich ein wenig ausruhen konnte. Ich habe tatsächlich geschlafen und konnte dann mit meinem Mann für das Baby beten, das jetzt kam. Es war eine wunderbare Atempause gewesen. Ich hatte mich wieder erholt, und mein Kind konnte normal, ohne Kaiserschnitt, zur Welt kommen.

Wenn wir uns jedoch grundsätzliche für eine Betäubung bei der Geburt oder beim Tod entscheiden, wenn man noch nicht einmal weiß, was kommt, kann uns dadurch etwas Wesentliches abhanden kommen, die Zustimmung zum Leben mit all seinem Gewicht an Liebe und Schmerz.

Aufopferung und Fruchtbarkeit

Der Mann und die Frau von heute können das verlorene Glück nur wiederfinden, wenn sie die ihnen je eigene Gnade wieder erlangen und Leiden und Opfer bejahen. Die Frau hat den Sinn für die Selbsthingabe, die

Aufopferung, verloren, auf denen ihre Fruchtbarkeit beruht. Sie muß unbedingt ihre Berufung neu entdecken, denn davon hängt das Schicksal der Menschheit ab. Mit der Verleugnung ihrer Gnade und der Ablehnung von Leid und Opfer hat sie sich zur Unfruchtbarkeit verdammt.

Wir versuchen, uns dem Leid zu entziehen, statt anzuerkennen, daß es zum menschlichen Dasein und besonders zu uns Frauen gehört; denn bei dem Gedanken an Leid sträubt sich alles in uns, und das ist auch ganz natürlich. Doch selbst wenn wir nicht leiden möchten, müssen wir einsehen, daß man dem Leid einfach nicht entkommt. Dann können wir auch versuchen, es so gut wie möglich durchzustehen. Wenn wir dem Kreuz den Rükken zukehren, stürzt es auf uns und erdrückt uns. Wenn wir uns ihm dagegen zuwenden, dann umarmen wir Jesus selbst und werden dafür sofort belohnt: Wir überwinden den Schmerz und vereinigen uns mit Christus. Es stimmt, daß das Leben als Frau nicht bequem ist, weder in ihrem Leib, noch in der Familie oder der Gesellschaft. Zugleich verfügt sie aber über eine erstaunliche Leidensfähigkeit, und das macht ihre Stärke aus. Diese Leidensfähigkeit ist mit ihrer Gebärfähigkeit verknüpft. Das Leid, das sie annimmt, ist Mitleid und vereint sie mit allen Leiden, die sie nun annehmen und daher auch aufopfern kann.

Ein freudiges Opfer

Was unserem vom Verstand geprägten Denken menschlich unsinnig erscheint, das wird zu einer außerordentlichen geistlichen Wirklichkeit. Denn ein Opfer ist keine Verstümmelung oder ein masochistisches Verlangen nach Leiden, es ist eine frohgemute Aufopferung.

Sie löst uns von allem Vergänglichen, Todgeweihten und bindet uns an das Unvergängliche. Nie und nimmer ist es ein leerer Verzicht, nein, es überträgt im selben Augenblick eine übernatürliche Freude, die uns am Abend der Auferstehungsfeier beim Gebet am Feuer sagen läßt:

«Feuer ist Leben und Tod in einem. Es ist Vernichtung des Äußerlichen und Hervortreten des Eigentlichen. Es ist der Tod der toten Dinge und ihre Rückkehr zum Licht. Freudenfeuer, Leid und Freud in einem. Und Liebe ist die Freude zu leiden» (Lanza del Vasto).

Durch das Opfer stirbt in uns nur, was zum Sterben berufen ist; weit davon entfernt, uns zu zerstören, festigt und erneuert es uns innerlich. Nicht die Frau ist stark, die den anderen ihr Gesetz aufzwingt und vor der die Männer zittern, während sie im Grunde von ihren Leidenschaften beherrscht wird. Stark ist die, die nicht mehr auf sich selbst schaut, sondern ihr Glück darin findet, andere glücklich zu machen. Es ist jene, die sich von allem Vergänglichen gelöst und gerade dadurch zur wahren Freiheit gefunden hat. Sie ist ganz auf das Reich Gottes ausgerichtet, damit alle ihre Lieben hineinkommen.

Wenn Gott sagt: *Liebe will ich, und keine Opfer* (Mt 9,13), dann setzt Er damit nicht dessen Wert herab, sondern erklärt lediglich, daß Ihm das Opfer nicht um des Opfers willen angenehm ist, sondern allein wegen der Liebe, von der es angeregt wurde.

Wenn es nicht sofort ein Gefühl der Fülle mit sich bringt, wenn es nicht die Liebe und die Freude in uns mehrt, dann ist es verdächtig.

Die Freude des Gebens, wie man sie bei Mutter Teresa aufs höchste vollendet sehen kann, entspringt der vollkommenen Selbstvergessenheit. Selbstvergessenheit hat aber nichts mit einer doloristischen, den Schmerz um seiner selbst willen suchenden, Haltung zu tun, die zu nichts als Traurigkeit und Trostlosigkeit führt; damit würde sie die Menschen eher vertreiben, statt Berufungen heranzuziehen.

3.

Das Ja der Frau

Fruchtbar wird die Frau in der Aufopferung. Das Wort ist durch Marias Ja Fleisch geworden, aber nicht allein am Tag der Verkündigung: Dazu war auch ihr tägliches Ja zu allem, was ihr im Leben aufgegeben war, nötig. Ebenso genügt es nicht, am Tag der Hochzeit oder der Weihe an Gott ja zu sagen; jeden Tag muß man es neu sagen und wird davon in der Gnade der Ehe oder der Gelübde erneuert. Wir werden uns mit Gott vereinen und fruchtbar werden, wenn wir Ihm mit unserem ganzen Wesen anhängen, und zwar durch jedes Ereignis im gegenwärtigen Augenblick. Die Verbindung unserer Menschheit mit seiner Gottheit trägt ewige Früchte.

Ja, die Frau ist zu einer Mutterschaft berufen, die unendlich weit über die leibliche Mutterschaft hinausgeht. Das ist für die wachsende Zahl derer, die keine Kinder mehr bekommen können, eine unerhörte Hoffnung. Die vollkommene Unordnung auf dem Gebiet der Sexualität hat bei einer ganzen Generation junger Frauen und Mädchen zu vielerlei leiblichen und seelischen Schäden geführt. Sie hatten geglaubt, die Befreiung der Frau bestünde in der völlig ungefährlichen und ungezwungen freien Verfügung über den eigenen Leib. Ihre scheinbare Entfaltung verbirgt aber meistens eine tiefe Not und Unfähigkeit zu lieben, eine Flucht nach vorn, um sich nicht selbst begegnen zu müssen.

Wir sind Tempel des lebendigen Gottes, und man kann das Haus Gottes nicht entweihen, ohne Ihn selbst damit zu treffen. Man kann den Leib nicht berühren, ohne die Seele anzutasten. Man kann nicht alles mögliche mit dem Leib anstellen, ohne daß es tiefe Auswirkungen auf unsere Seele hätte.

«Warum hat uns das denn noch nie jemand gesagt?» fragen die Jugendlichen unsere Brüder und Schwestern, die in den höheren Schulen mit ihnen über Fragen wie Abtreibung, Sexualität oder Ethik sprechen. Sie werden von den Lehrplänen darin eingeweiht, wie die «sexuelle Maschine» funktioniert; wer spricht mit ihnen aber über die Liebe, ihre Schönheit und ihre Forderungen?

Man kann heute nicht mehr über Moral reden. Moral ist nicht mehr gefragt, sie genügt nicht mehr, um einen Sinn des Lebens anzugeben. Unsere Generation braucht das Echte; sie ist die Vorträge, Predigten und Ratschläge leid. Sie ist zutiefst enttäuscht von der Feigheit derer, die von ihnen keine Selbstüberwindung mehr fordern, weil sie dazu selbst nicht fähig sind. Sie dürstet nach Heiligkeit. Jetzt ist nichts Geringeres vonnöten als Heiligkeit, um ihnen neue Hoffnung und Lebensbegeisterung zu geben.

Glauben wir wirklich an den Fortschritt einer Zivilisation, die Kinder im Mutterleib tötet, keinen Platz für den Behinderten hat und ihn umbringt, noch bevor er das Licht der Welt erblickt hat? Wann werden wir uns selbst in Frage stellen angesichts all der Jugendlichen, die sich umbringen, weil niemand sie bis zur Hingabe seines

Lebens liebt? Was haben wir mit diesen Schätzen gemacht, die Gott uns anvertraut hat?

Gott bittet die Frauen, denen es angeboren ist, zu lieben und geliebt zu werden, wahre Mütter zu sein. Sie sollen alle die vergessenen und bedrohten Kinder in ihrem Herzen tragen, deren Leid zu Gott schreit, und die Er liebt. Die Welt steuert wirklich auf eine Kernexplosion zu; denn diese Auflösung vollzieht sich im innersten Kern des Menschen.

Doch es bleibt Hoffnung. Gott ist der Meister des Unmöglichen, und mit Ihm ist es nie zu spät. Er zählt auf jene, aus denen Er sich seine Mutter, gebenedeit unter allen Frauen, erwählt hat, um die tiefen Werte der Menschheit zu retten. Kinder brauchen zur Erziehung Mütter, ihre Zärtlichkeit, Selbstverleugnung und Beharrlichkeit. Ihnen gebührt es, sie aufzuziehen, um durch sie die ganze Menschheit «heraufzuziehen».

Die Kinder und das Kreuz

Jegliche Erziehung geht über das Kreuz. Die Frau hat die Aufgabe, die Menschheit aufzuziehen, sie heraufzuheben bis zum Kreuz, der Stätte unseres Heils. Es ist ein sehr wichtiger Bestandteil in der Erziehung, der nicht vernachlässigt werden darf. Ebenso wenig in der Ehe, weil das Kreuz die Mitte der Verbindung zwischen den Eheleuten ist.

Wir bejahen das Kreuz für uns selbst, wir wollen leiden, weil Leid zum Leben gehört und es unvermeidlich ist. Für unsere Kinder bejahen wir es jedoch nicht. Wir lehnen das Kreuz für sie ab, ohne uns klarzumachen, daß es auch für sie das Heilswerkzeug ist, wenn es das für uns ist. Wir müssen sie dazu erziehen, es aufzunehmen, weil sie dadurch Jesus aufnehmen. Schon die ganz Kleinen müssen wir lehren, es zu umarmen, das göttliche Leben in sich wachsen zu lassen und im Widerspruch sich Jesus anzugleichen. Man muß nicht warten, bis das Kind zwanzig ist, um ihm zu sagen: «Mein Sohn, du mußt lernen, daß du im Leben auf Widerspruch triffst.» Die Mutter muß auf das achten, was sie im Leben ihres Kindes als sein Kreuz erkennen kann. Sie muß das Kind auf die Aufopferung vorbereiten, und niemand kann sie dabei ersetzen.

Wir wollen nicht versuchen, die uns Anvertrauten übermäßig zu behüten; stärken wir sie, und stellen wir sie nicht unter eine Glasglocke. Man kann sich oft, was die Kinder anbelangt, fragen, was man denn als «gute Familie» bezeichnet: Wie kommt es, daß so gut erzogene und behütete Kinder oft die schlimmsten Dummheiten machen, sobald sie auf sich selbst gestellt sind? Das kommt daher, weil man sie nie vor einen Widerspruch, vor die Wirklichkeit gestellt hat. Es ist die Aufgabe der Mutter, das Kind zu festigen, und nicht, ihm alles aus dem Weg zu räumen, wodurch es leiden könnte. Das bedeutet, daß sie es fähig machen muß, sein Schicksal anzunehmen. Voller Schmerz nimmt sie das Leid ihres Kindes an und opfert es auf.

Umgekehrt gibt es Eltern, die ihren Kindern nichts ersparen. Sie halten sie über alles auf dem laufenden, was sich auf der Welt ereignet, um ihr Bewußtsein zu wecken und ihren Geist zu formen. Die armen kleinen Engel tragen dann mit ihren acht oder zehn Jahren eine viel zu schwere Last auf den Schultern und können abends kaum einschlafen.

Man muß im Beisein der Kinder schweigen können, um sie ihre Kindheit erleben zu lassen und ihnen Belastungen ersparen, die sie nicht ohne Gefahr für ihr zukünftiges seelisches Gleichgewicht ertragen können.

Die allumfassende Mutterschaft

Die bedingungslose Liebe der Mutter, die Treue der Ehefrau, die Kameradschaft der Schwester, die Unterstützung der Freundin, sie verleihen uns Flügel, um alle Hindernisse zu überwinden und in Widrigkeiten durchzuhalten. Daher ist die Frau die Hilfe, die Gott dem Mann zu beider Glück zugedacht hat. Hinter allen, die etwas Großes für die Menschheit vollbringen konnten, ist stets, bekannt oder unbekannt, eine Frau verborgen: die Liebe und das Opfer einer Mutter, einer Gattin oder einer Schwester, die bereit waren, alles zu geben und nichts für sich selbst zu behalten, weil sie einzig und allein nach der Ehre Gottes und dem Glück derer, die sie liebten, Verlangen trugen.

Pastor Thomas Roberts, der ein außergewöhnliches Predigeramt hatte, sagte uns einmal:

«Ich habe Tausende von Seelen zu Christus geführt und kein einziges Mal gelitten. Aber ich kann den Gedanken an eine kleine Karmelitin tief in ihrem Karmel nicht loswerden, die ihr Leben lang für mich gelitten haben wird und dafür, daß mein Dienst fruchtbar sei.»

Einige haben die Freude, die Frucht ihrer Aufopferung in den Früchten, die ihr Mann bringt, zu sehen, oder in ihren Kindern. Für andere bleiben die Früchte dagegen unsichtbar. Eine solche Entscheidung haben die Menschen in beschaulichen Orden getroffen, die auf alle menschlichen Freuden verzichten, um ausschließlich von der Liebe Christi zu leben. In dieser Vermählung werden sie zu Müttern der Kirche, indem sie ihr Söhne und Töchter gebären, die sie nie von Angesicht sehen werden. Je größer die Entsagung ist, desto größer ist auch die Fruchtbarkeit und führt zu einer allumfassenden

Mutterschaft. Die Heiligen sind da, um das zu bezeugen, denn unaufhörlich werden wir von ihnen geboren und von ihrem Beispiel unterstützt.

4.

Siehe, deine Mutter

Am Fuß des Kreuzes, auf dem Höhepunkt des Schmerzes kommt das Ja Marias zur Vollendung, und sie wird zur Mutter der Kirche. Als sie Johannes aus den Händen Jesu empfängt, nimmt sie ihn für uns alle entgegen. Sie, die bei der Geburt Jesu keinen Schmerz empfunden hatte, gebiert unter Schmerzen die Kirche.

Es standen aber bei dem Kreuze Jesu seine Mutter und die Schwester seiner Mutter, Maria (die Frau) des Klopas und Maria von Magdala. Als Jesus nun die Mutter und den Jünger, den er liebte, dastehen sah, sagte er zur Mutter: «Frau, siehe dein Sohn.» Dann sagte er zu dem Jünger: «Siehe, deine Mutter.»
Danach sagte Jesus, da er wußte, daß alles vollbracht war, damit die Schrift erfüllt würde: «Mich dürstet» (Jh 19,25-28).

Es ist bemerkenswert, daß Jesus *«Es ist vollbracht!»* sagt, nachdem er Johannes Maria und Maria dem Johannes anvertraute hat, wie wenn er damit zeigen wollte, daß diese Mutterschaft Marias schon in Gottes Plan zum

Heil der Menschheit gelegen habe und er nicht zum Vater zurückkehren konnte, bevor er nicht allem den rechten Platz zugewiesen hätte. Und Marias Platz ist entscheidend wichtig, weil sie das letzte Geschenk Gottes an uns ist. Wie wenn ein Familienoberhaupt vor seiner Abreise die Kinder um sich versammelte, um ihnen zu sagen: «Wenn ich weg bin, müßt ihr der Mama gehorchen. Tut alles, was sie euch sagt!»

So wie die Schöpfung durch Gott den Vater zur Vollendung kam, als die Frau erschaffen und dem Mann gegeben worden war, ist das Heilsgeschehen durch Gott den Sohn vollendet worden, als die Frau dem Mann, das heißt der ganzen Menschheit, gegeben wurde. Zunächst war sie die Tochter Gottes des Vaters, wird dann als Gemahlin gegeben und am Ende als Mutter. Durch Marias Mutterschaft wird also jeder Frau von Gott die Menschheit insgesamt anvertraut.

Maria hat sich am Fuß des Kreuzes aufrecht halten können, als sie den äußersten Schmerz durchmachte, und ist dabei in gewisser Weise zugleich mit ihrem Sohn gestorben; sie konnte aber nur deshalb dort stehen bleiben, weil sie die Tugenden des Glaubens, der Hoffnung und der Liebe zur äußersten Vollendung brachte. Angesichts des furchtbaren Scheiterns ihres Sohnes hat sie an die Auferstehung geglaubt und nicht an Gottes Allmacht und seinem großartigen Sieg über das Böse und den Tod gezweifelt. Sonst hätte sie das Bewußtsein verloren; sie hätte das Unerträgliche nicht ertragen können. Darum ist derjenige, der sich in den hoffnungslosesten Lagen an Maria hält, niemals verzweifelt; denn sie ist da, um zu bezeugen, daß Jesus wahrhaftig auferstanden ist, daß er den Tod besiegt hat und in allen unseren Nöten stets der Sieger ist.

In der Nachfolge Marias und Maria Magdalenas hat die Frau auch die Aufgabe, als erste an die Auferstehung zu glauben und daran festzuhalten, daß bei Gott nichts unmöglich ist, selbst wenn scheinbar alles verloren ist. Sie muß in den schmerzlichsten, verzweifeltesten oder unhaltbarsten Lagen den Sieg des Allmächtigen verkündigen und aufrecht dastehen, um allen Mut und Hoffnung wiederzugeben, bis *der* eingreift, der alles in seiner Hand hat.

Wenn die Liebe gestorben zu sein scheint, wenn die Frau aufgegeben hat, dann besteht wenig Hoffnung, daß sie neu erblüht. Hält sie dagegen am Vertrauen fest und liebt auch weiterhin uneigennützig, hofft und glaubt, daß die Liebe eine Gottesgabe und darum unsterblich ist, dann ist alles immer noch möglich. Denn diese Liebe ist stärker als der Tod, und wenn sie durch die Erprobung gegangen ist, kommt sie stärker und tiefer wieder und kann allen Angriffen des Feindes widerstehen.

In der Schule Marias

Es ist unmöglich, von der Frau zu reden, ohne von der Frau an sich, von Maria zu sprechen.

Wenn wir uns den ganzen Anspruch unserer Berufung vor Augen halten, fühlen wir uns zugleich angesprochen und ein wenig überfordert. Wir fürchten, es nicht zu schaffen. Aber Gott, der gut ist, hat uns eine Mutter gegeben. Keine unerreichbare Göttin, also jemand, die so schön und so vollkommen wäre, daß sie unnachahmlich wäre, nein, Maria ist eher «bewundernswert als nachahmenswert», wie man von den Heiligen sagt. Wenn man deren Lebensgeschichte liest, ist nie von der ganzen, jahrelangen Arbeit der Gnade an ihnen die Rede, und wir bekommen sofort die vollendete Frucht, eben einen tugendsamen Heiligen vorgesetzt. Dann fehlt uns natürlich vollkommen der Mut, bevor wir überhaupt angefangen haben, und sind überzeugt, daß die Heiligkeit nur ganz außergewöhnlichen Wesen vorbehalten sei und es vermessen wäre, ein Heiliger werden zu wollen. Man braucht nur daran zu denken, wie die Oberin der kleinen Therese sich verhielt, als diese ihr den Wunsch gestand, eine Heilige werden zu wollen; sie mußte sich in einem Ton, der keinerlei Widerspruch duldete, als hochmütig schelten lassen. Als ob die Heiligkeit eine persönliche Leistung aus eigener Anstrengung wäre und wir uns dann damit schmücken könnten.

«Seid heilig, wie ich heilig bin», sagt der Herr; *«seid vollkommen, wie ich vollkommen bin»* (Mt 5,48). Heilig kann man nur von der Heiligkeit Gottes her sein. Er allein kann in uns heilig sein, und zwar nur unter der Bedingung, daß wir Ihm allen Raum dazu lassen. Es geht nicht um unsere Verdienste. Er will unsere Nichtigkeit, um unendlich in uns zu werden.

Jede Frau ahnt im Innersten, was sie eigentlich sein könnte, fühlt sich jedoch zugleich gänzlich außerstande, auf diesen inneren Anruf einzugehen. Das stimmt auch — solange sie sich nur auf die eigene Kraft verläßt.

Möge sie doch in Marias Schule gehen, sie anschauen, sie betrachten und sich in sie, in ihr Herz, versetzen und sich davon verwandeln lassen! Maria kennt und liebt uns; sie möchte, daß wir so werden, wie wir im Herzen Gottes schon sind, sie möchte uns zum Herzen Jesu führen.

Maria hat Jesus unter ihrem Herzen getragen. Dort ist er geformt worden, und dorthin müssen wir gehen, um auch uns formen zu lassen, damit Christus in uns wachsen kann.

«Wenn ein Mensch nicht von neuem geboren wird, kann er nicht in das Reich Gottes kommen.» Nikodemus entgegnet Jesus: «Wie kann denn ein Mensch in den Schoß seiner Mutter zurückkehren?» (vgl. Jh 3,3-4).

In Maria können wir in den Schoß unserer aller Mutter zurückkehren, um von ihr neu geboren zu werden und damit Jesus den ganzen Raum in uns einnehmen kann, auf daß wir das erleben, wovon der heilige Paulus spricht:

«Nicht mehr ich lebe in mir, sondern Christus ist es, der in mir lebt» (vgl. Gal 2,20).

Wenn die Jungfrau Maria bei ihren Erscheinungen darum bittet, den Rosenkranz zu beten und zu meditieren, dann tut sie das, weil wir durch die Betrachtung der Rosenkranzgeheimnisse, die auch Geheimnisse des Marienlebens sind, mit ihr vertraut werden können. Man muß so leben, als sähe man das Unsichtbare. Das heißt aus dem Glauben leben. Laßt uns vertraut werden mit der Heiligen Familie, vertraut mit Jesus, mit Maria und Josef. Laßt uns mit dem Himmel leben! Laßt uns das Reich Gottes zu uns herabholen, denn *es gehört den Gewalttätigen und denen, die sich seiner bemächtigen* (Mt 11,12). Dann wird alles ganz klar und deutlich.

In der Betrachtung Marias, wie sie Tochter, Ehefrau und Mutter ist, werden wir selbst es lernen, Tochter, Ehefrau und Mutter zu werden.

Die Verkündigung

Bei der Verkündigung sagte Maria zu dem Engel:

«Wie wird dies geschehen, da ich keinen Mann erkenne?» Der Engel antwortete ihr: «Heiliger Geist wird über

dich kommen und die Kraft des Höchsten wird dich überschatten; darum wird auch das, was geboren wird, heilig genannt werden, Sohn Gottes. Siehe, Elisabeth, deine Verwandte, auch sie hat einen Sohn empfangen in ihrem Alter, und dies ist der sechste Monat für sie, die als unfruchtbar gilt. Denn bei Gott ist kein Ding unmöglich.» Da sprach Maria: «Siehe, ich bin die Magd des Herrn. Mir geschehe nach deinem Wort» (Lk 1,34-38).

Dieser Text ist großartig, wenn man bedenkt, was Jesus für Maria, aber auch für Elisabeth getan hat. Viele Frauen gelangen an einen Punkt ihres Lebens, an dem sie ihr Scheitern feststellen müssen. Sie haben kein Kind bekommen können, und selbst wenn sie eins bekommen haben, fühlen sie sich unfruchtbar. Sie haben den Eindruck, als sei ihr Leben unnütz gewesen, sie sehen, daß sie schon älter sind, ihre geheimsten Herzenswünsche aber nicht verwirklichen konnten. Ohne Hoffnung auf Änderung sind sie angesichts der furchtbaren Feststellung, unfruchtbar zu sein, in die Sackgasse geraten.

In Elisabeth schenkt Gott neue Hoffnung. Seine Allmacht läßt sich von dem, was menschlich unmöglich ist, nicht begrenzen. Er setzt sich über die Ordnung der Dinge hinweg und schenkt ihr unerwartet das Kind. Durch Elisabeths Fruchtbarkeit wird uns die Fruchtbarkeit gezeigt, zu der auch wir berufen sind. Trotz allem, was in unserem Leben unmöglich oder gescheitert ist, können wir nicht mehr verzweifeln, weil Gott unser Herz wieder aufmachen will und wir doch noch Frucht bringen können. Alle, die sich unfruchtbar fühlen oder meinen, nie mehr ein Kind bekommen zu können, sie können sich das Wort *«Bei Gott ist kein Ding unmöglich»* zu eigen machen. Sie dürfen glauben, daß Gott es ihnen schenken kann, in jedem Alter Leben zu geben und Kinder zu bekommen, wenn auch in anderer Weise.

Unsere menschlichen Möglichkeiten nehmen zwar mit der Zeit immer mehr ab. Aber das Leben Gottes in uns wächst ständig und bringt bleibende Früchte. Die Fruchtbarkeit des Fleisches ist zeitlich begrenzt, die Fruchtbarkeit des Geistes wächst dagegen bis in die Ewigkeit.

Was nun Maria angeht, so fragt sie zunächst, wie das geschehen könne, da sie Jungfrau sei. So fragen sich auch alleinstehende oder geschiedene Frauen, wie das denn geschehen könne, da sie keinen Mann erkennen? Wie sie von neuem gebären könnten, wo es ihnen doch gar nicht mehr möglich sei? Gott antwortet ihnen:

«Der Heilige Geist wird über dich kommen.»

Das läßt uns für das Wollen des Heiligen Geistes offen bleiben, der uns immer überrascht und dort neue Horizonte eröffnet, wo scheinbar alles verschlossen ist.

Marias Antwort ist wunderbar:

«Mir geschehe nach deinem Wort.»

Durch diese Antwort wird sie Gottes Mutter. Im Gegensatz zu Eva zieht sie Gottes Wort nicht einen Augenblick lang in Zweifel, sondern nimmt es im Glauben auf. Sie weiß, daß *Gott spricht, und es ist* (Gen 1,1).

Das göttliche Wort ist schöpferisch. Man muß nicht glauben, daß Gott die Welt in sieben Tagen geschaffen hätte und sich seither ausruhte. Seine Macht ist ständig am Werk. *Er hört nicht auf mit dem Werk seiner Hände*, sagt uns der Psalm. Auch mit dem Werk in uns hört Er nicht auf. Sein Wort wird durch unseren Glauben wirksam gemacht. Wenn wir es aufnehmen, ist es schöpferisch.

Wir werden also fruchtbar, wenn wir das Wort Gottes in unserem Leben annehmen. Durch den Glauben verankern wir uns in Gottes Wort. Wir müssen es aufnehmen und von ihm beseelen lassen, bis die Saat aufgeht und wächst. So wie man neun Monate warten muß, bis das Baby zur Welt kommt, kann ein Wort lange Zeit, manchmal jahrelang in uns ruhen, bevor es zu wirken beginnt.

Laßt uns also geduldig darauf warten, daß das Wort in uns Fleisch wird.

Man kann von Gottes Wort nur so viel weitergeben, wie wir ihm erlaubt haben, Fleisch in unserem Fleisch zu werden. Man kann anderen nur weitergeben, was wir von Gott in uns aufgenommen haben, was wir Ihm in uns zu tun erlaubt haben. Darum sind unsere Leiden auch niemals unnütz, darum ist keiner unserer Kämpfe umsonst. Jedesmal, wenn wir Gott an uns arbeiten lassen, geschieht das nicht nur für uns, sondern um es anschließend weitergeben zu können. Man kann ja nur geben, was man empfangen hat. «Auch das schönste Mädchen der Welt kann nur geben, was es hat», heißt es im Volksmund, und das trifft auch auf das Geistliche zu. Wir können nur das geben, was Jesus uns geschenkt hat, was wir von Gottes Wort in uns aufgenommen haben.

Alles was wir durchmachen, machen wir für die Kirche durch, für das Wachstum des Gottesreichs, damit Gottes Friede und Liebe sich ausbreiten und auf die gesamte Menschheit ergießen kann.

Die Heimsuchung

Maria, die eben erst diese ungewöhnliche Botschaft empfangen hat, bleibt nach der Verkündigung nicht zu Hause, um ihr Glück eifersüchtig für sich zu behalten.

Sie fühlt sich sofort dazu gedrängt, es weiterzugeben, und so eilt sie zu ihrer Kusine Elisabeth, um ihr zu dienen. Sie, die gerade gesagt hatte: *«Ich bin die Magd des Herrn»*, zeigt, daß sie auch die Dienerin der Menschen ist. Auch darin ist sie Mutter. Wir sind Mutter in der Hingabe unserer selbst, wenn wir uns selbst vergessen. Kinder zu bekommen geschieht in der Selbsthingabe.

In der Heimsuchung ist das ganze Ausmaß der Öffnung zum anderen enthalten, das genaue Gegenteil der Zurückgezogenheit. Man muß geben, sobald man empfangen hat, und wieder leer werden, damit Jesus uns aufs neue füllen kann. Wir empfangen im Geben. Das ist die Bewegung der Liebe, die unaufhörlich empfängt und sich hingibt.

Als Maria zu Elisabeth ging, ahnte sie nicht, daß sie die schönste Bestätigung für ihr geheimes Erlebnis mit Gott bekommen sollte. So ist es auch bei uns; durch unsere Selbsthingabe schenkt Gott sich uns, durch sie erhalten wir die Antwort auf unsere Fragen und werden durch sie unterwiesen, geformt und verwandelt.

Elisabeths Ausruf ist außerdem eine wunderbare Bestätigung dafür, daß Marias Haltung bei der Verkündigung genau die Antwort war, auf die Gott gewartet hatte, und ermutigt uns, auf die Macht des Glaubens zu vertrauen.

«Selig, die geglaubt hat, weil in Erfüllung geht, was ihr vom Herrn gesagt wurde» (vgl. Lk 1,45).

Was wäre geschehen, wenn Maria nicht geglaubt hätte, wenn sie diesem verrückten Vorhaben Gottes nicht gefolgt, sondern bei dem geblieben wäre, was scheinbar vernünftig ist?

Herzen, die träge sind zum Glauben (Lk 24,25), das sind wir. Und genau darum drehen wir uns vierzig Jahre in der Wüste unseres Lebens im Kreis und gelangen nicht ins Gelobte Land. Wir glauben nicht an Gottes Verheißungen und sehen darum auch nicht deren Erfüllung. Die Mystiker, die an Jesu Todeskampf Anteil hatten, bestätigen es einhellig: Seine Leiden rührten großenteils daher, daß die Menschen die Gnaden nicht anzunehmen wüßten, die Er ihnen um den Preis seines Blutes erkauft hat.

Wenn wir *Gottes Gabe kennen würden* (vgl. Jh 4,10), wenn wir *Glauben wie ein Senfkorn hätten* (vgl. Mt 17,20), dann würden wir erfahren, was Glück ist, und niemand könnte es uns entreißen.

Die Geburt

Die Frucht dieses Geheimnisses ist die Armut. Maria und Josef werden von Gott zunächst ganz arm gemacht und von allem entblößt, damit sie das allerwunderbarste Geschenk auch annehmen können. In Nazareth war alles zum Empfang des Kindes vorbereitet. Man kann sich vorstellen, mit welcher Liebe Maria für alles gesorgt, mit Hilfe ihrer Mutter Anna die kleinen Sachen genäht und an jede Kleinigkeit gedacht haben muß. Josef hat sicher eine kleine Wiege gebaut und alles im Haus zur Bequemlichkeit der heiligen Jungfrau hergerichtet. Und da zwingt sie nun dieser Erlaß des Kaisers Augustus, allem den Rücken zu kehren und sich aufzumachen nach Bethlehem in Judäa, also über hundert Kilometer weit. Eine Frau, die auf die Geburt zugeht, möchte Ruhe und Frieden haben; Maria dagegen mußte mit den Mühen einer Reise auf dem Rücken eines Esels Bekanntschaft machen, wo sie der Fürsorge und Schonung am meisten bedurft hätte. Am Ende der Reise war nicht einmal Platz in der Herberge. Oft hatte sie an den Augenblick der

Geburt in ihrer vertrauten Umgebung in der Nähe ihrer Mutter gedacht, und nun ist sie unter lauter Fremden. Erst Jahre später werden sie nach Nazareth zurückkommen, weil sie nach Ägypten fliehen müssen, um dem Zorn des Herodes zu entgehen.

Den größten Gnaden gehen die größten Entbehrungen voraus. Maria und Josef mußten alles entbehren, damit sie Gott selbst empfangen konnten und Er ihr alleiniges Gut, der einzige Schatz wurde. So ist es auch in unserem Leben; der Herr nimmt uns viel Überflüssiges, um unsere Hände frei zu machen zum Empfang des Wesentlichen. Wenn Er uns aber ein königliches Geschenk machen möchte, nimmt Er uns sogar das Notwendige, worauf wir ein Recht haben. Und Gott weiß, wie berechtigt die Wünsche der Frau sind, wie selbstverständlich es ist, sich nach mehr Fürsorge und Zärtlichkeit, mehr Handlungsspielraum zu sehnen. Trotzdem kommt es vor, daß der Herr von ihr sogar einen Verzicht auf das, was ihr zusteht, verlangt, aber nicht, um ihr das Leben sauer zu machen, sondern um ihr etwas viel Schöneres zu schenken: um sich selbst zu schenken und sie vollkommen glücklich zu machen. Ich glaube nicht, daß Maria ein einziges Mal zurückgeschaut hat, als ihr Kind geboren war, und sich gewünscht hätte, anderswo zu sein als eben hier in der Grotte von Bethlehem.

Wir möchten für alles vorsorgen und alles ordnen, um Herr der Lage zu bleiben und nicht überrumpelt zu werden. Gott gefällt es dagegen, uns aus dem Gleichgewicht zu bringen, um uns zu lehren, uns Ihm hinzugeben und unsere Sicherheit in Ihm zu finden. Es gefällt Ihm, unsere Pläne zu durchkreuzen, um uns begreiflich zu machen, daß Er der Herr unseres Lebens ist und bis in alle Einzelheiten selbst vorsorgt.

Die Darstellung im Tempel

Bei diesem Geheimnis der Darstellung im Tempel ist es rührend zu sehen, wie demütig Josef und Maria sind, die sich den Forderungen des Gesetzes nicht entzogen. Maria, die Allreine, unterwarf sich dem Gesetz der Reinigung. Die Mutter Gottes kommt und bietet dem Vater das Kind dar.

Es ist die Mutter, die die Vaterschaft verleiht, die den Vater zum Vater macht, indem sie ihm das Kind gibt. Manche Mütter fürchten dermaßen, der Vater könnte dem Kind seelisch schaden oder es falsch behandeln und verletzen, daß sie es vor ihm abschirmen. Damit enthalten sie einerseits dem Kind eine für sein seelisches Gleichgewicht notwendige Beziehung vor, selbst wenn der Vater bei weitem nicht die Erwartungen erfüllt, die man zu recht an ihn stellen könnte; andererseits werden sie ihm nie die Gnade, Vater zu sein, vermitteln können.

Die Frau muß das Kind nicht nur der Vaterschaft des Mannes anvertrauen, wie Maria es bei Josef tat, sondern auch der Vaterschaft Gottes. Sie darf niemals vergessen, daß es vor allem Gottes Kind ist. Sie muß es Ihm unaufhörlich weihen und Vergangenheit, Gegenwart und Zukunft des Kindes in seine Vaterhände legen. Durch die Aufopferung ihres Kindes an Gott gebiert sie es zum göttlichen Leben und wird seine geistliche Mutter. Schon jetzt muß sie loslassen. Wenn es allen Müttern bewußt wäre, daß ihre Kinder vor allem Gottes Kinder sind, könnten sie bei der Erziehung viele Ängste und Irrtümer vermeiden. Ihr Leben gehört uns nicht, sie sind uns lediglich anvertraut.

Wir tun gut daran, uns in die Schule der Heiligen Familie zu begeben und zu versuchen, mit ihr vertraut zu werden, um ihr Leben von innen her zu verstehen und uns selbst in ihrer Menschlichkeit wiederzuerkennen. Maria und Josef mußten im Glauben vorwärts gehen wie wir, und wie wir brauchten sie Bestätigung, Führung und innere Bereitung, um dem Plan Gottes immer mehr zu entsprechen. Man empfindet sie als ganz klein in Gottes Hand, und das ist für uns sehr tröstlich.

Sein Vater und seine Mutter wunderten sich über das, was von ihm gesagt wurde (Lk 2,33).

Doch mit dem Glück, die Sendung Jesu bestätigt zu sehen, wird Maria zugleich auch das Schwert angekündigt, das ihre Seele durchbohren wird. Freude und Schmerz sind auf diese Weise in unserem Leben innig miteinander verbunden, und man kann sie nicht trennen, ohne sich von etwas Wesentlichem abzuschneiden. Unsere Zeitgenossen haben sich angewöhnt, Schmerzen zu betäuben, und dabei den Sinn für den unschätzbaren Wert eines Leidens eingebüßt, das aufgenommen und in Liebe aufgeopfert wird.

Simeon segnete sie und sprach zu Maria, seiner Mutter: «Siehe, dieser ist gesetzt zum Falle und zum Aufstehen vieler in Israel und zu einem Zeichen, dem widersprochen wird; aber auch deine eigene Seele wird ein Schwert durchdringen, auf daß die Gedanken aus vielen Herzen offenbar werden» (Lk 2,34-35).

Zum ersten Mal wird ausdrücklich von den Leiden Marias gesprochen. Das Geheimnis der Darstellung ist übrigens das erste schmerzensreiche Geheimnis. Es besagt jedoch nicht, daß sie noch keinen Schmerz kennengelernt hätte. Je inniger wir mit ihr vertraut werden, desto mehr entdecken wir von ihren verborgensten Leiden. Es muß nach der Verkündigung sehr schwer für sie gewesen sein, den heiligen Josef leiden zu sehen und schweigen zu müssen. Nach der Geburt Jesu muß sie der Mord an den Unschuldigen Kindern unsäglich geschmerzt haben. Das alles konnte Maria mit dem Verstand nicht fassen und sah keinen anderen Ausweg, als sich in völliger Hingabe an den göttlichen Willen in die Arme Gottes zu flüchten. Durch Leiden bereitet Gott uns auf das Leiden vor, und wenn die Stunde der Prüfung kommt, die uns eigentlich niederschmettern könnte, dann bleiben wir stehen wie Maria am Fuß des Kreuzes.

Man muß über die Leiden des Fleisches hinausgelangt sein, die uns auf uns selbst zurückwerfen, um die Leiden der Seele zu begreifen, die uns mit Gott vereinen, das Leiden des durchbohrten Herzens Marias, die mit ihrem Sohn an der Erlösung beteiligt ist. Es war ein- und dasselbe Schwert, das die Herzen Jesu und Marias durchbohrte und sie beide in der Erlösung der Menschheit vereinte. Marias Ja bei der Verkündigung führte sie auf den höchsten Gipfel des Leidens und der Liebe, an den Fuß des Kreuzes. Zwischen dem Ja zum Leiden und dem Heil der Seele besteht ein enger Zusammenhang. Denn weil Maria der Durchbohrung ihres Herzens zugestimmt hat, konnten die Gedanken vieler Herzen offenbar werden. Jedesmal wenn wir unser verwundetes Herz mit ihrem Herzen vereinen, sind wir daran beteiligt, Seelen zu gebären, und wirken an ihrer Erleuchtung mit. So wird aus unserem Leid Glück.

Die Wiederauffindung im Tempel

Das Geheimnis der Wiederauffindung im Tempel ist für uns sehr lehrreich.

Seine Eltern zogen jedes Jahr am Osterfest nach Jerusalem. Und als er zwölf Jahre alt war, gingen sie der Festsitte gemäß hinauf. Als die Tage vorüber waren und sie wieder heimkehrten, blieb der Knabe Jesus in Jerusalem, und seine Eltern wußten es nicht. In der Meinung, er sei bei der Reisegesellschaft, gingen sie eine Tagereise weit und suchten ihn unter den Verwandten und Bekannten. Da sie ihn nicht fanden, kehrten sie nach Jerusalem zurück und suchten ihn.

Und es begab sich, nach drei Tagen fanden sie ihn im Tempel, wie er mitten unter den Lehrern saß, ihnen zuhörte und sie fragte. Es staunten aber alle, die ihn hörten, über seine Einsicht und seine Antworten. Und als sie ihn erblickten, waren sie fassungslos, und seine Mutter sagte zu ihm: «Kind, warum hast du uns das getan? Siehe, dein Vater und ich suchen dich mit Schmerzen.» Und er sprach zu ihnen: «Warum habt ihr mich gesucht? Wußtet ihr nicht, daß ich in dem sein muß, was meines Vaters ist?» Aber sie verstanden das Wort nicht, das er zu ihnen sprach.

Und er ging mit ihnen hinab und kam nach Nazareth und war ihnen untertan. Seine Mutter bewahrte alle diese Worte in ihrem Herzen. Und Jesus nahm zu an Weisheit und Alter und Gnade vor Gott und den Menschen (Lk 2,41-52).

Wir sahen Jesu Gehorsam gegenüber seinen Eltern. Aber es ist auch bei Maria und Josef sehr aufbauend zu sehen, wie sie die Wiederauffindung Jesu im Tempel erlebt haben. In der ängstlichen Suche nach ihrem Kind und Marias Frage an Jesus können wir uns unschwer selbst wiedererkennen:

«Mein Kind, warum hast du uns das getan? Siehe, dein Vater und ich suchen dich mit Schmerzen.»

Wie oft haben wir nicht Gott gefragt, warum Er das zugelassen habe, wie oft haben wir Ihm nicht unsere Angst gestanden, in der Hoffnung, daß ein Wort von Ihm unserem Herzen Frieden schenkte. Doch Jesu Antwort ist nicht die, die zu erwarten gewesen wäre. Als guter Jude, der er ist, beantwortet er ihre Frage mit einer Gegenfrage, um sie im Vertrauen und in der Hingabe weiterzubringen. Gott versucht uns nicht unbedingt dadurch zu beruhigen, daß Er alle unsere Fragen beantwortete, sondern indem Er uns Frieden gibt, Friede, der aus dem Vertrauen entsteht und jeden Versuch, Gottes Geheimnisse mit dem Verstand zu durchdringen, übersteigt. Sie kommt immer, die Stunde der Offenbarung, in der uns der tiefe Sinn der Ereignisse klar verständlich wird und wir sehen, was Gott durch diese oder jene notvolle Lage in uns getan hat.

«Warum habt ihr mich gesucht? Wußtet ihr nicht, daß ich in dem sein muß, was meines Vaters ist?»

Jesus spielt ihre Angst sofort herunter und lockt die beiden aus sich heraus, um sie auf eine höhere Ebene zu stellen und auf Gottes Plan eingehen zu lassen.

Welch eine Lehre im Loslassen erteilt uns hier die Heilige Familie, und zwar nicht nur innerhalb der Familie, sondern in allen unseren Beziehungen. Unsere Lieben gehören uns nicht, und wenn Gott sie uns gibt, damit wir wachsen und sie wachsen lassen, dann kommt auch die

Stunde, da wir sie Ihm zurückgeben müssen. Josef und Maria haben Jesus wiedergefunden, aber in vollkommenem Loslassen, und nicht in selbstsüchtigem Besitzergreifen. Sie finden ihn in Gott wieder, sich selbst überwindend und in der Einwilligung, nicht verstehen zu können, was ihnen widerfährt. Wie schön sind sie in ihrer Zustimmung zu dem göttlichen Willen, zu diesem Geheimnis, das unendlich weit über sie hinausgeht, jeder allein vor Gott und doch zugleich tief mit dem anderen in demselben Wunsch vereint, der göttlichen Liebe Genüge zu tun.

Wenn wir den Eindruck haben, Gott entziehe uns etwas, dann geschieht das, um uns größer zu beschenken, und wenn Er sich entzieht, dann nur, um sich besser herzuschenken.

Es ist für uns so tröstlich zu sehen, daß selbst Maria und Josef überfordert waren, daß sie nicht verstehen konnten, was Jesus ihnen sagte. Sie haben es nicht verstanden und dennoch keine weitere Frage gestellt. Sie schwiegen und zeigen uns damit den Weg der vertrauensvollen Hingabe, wenn uns die Ereignisse überfordern und wir nicht begreifen, was uns widerfährt.

Maria bewahrte alle diese Worte in ihrem Herzen.

Was uns angeht, wir bewahren sie in unserem Kopf und drehen und wenden dieselben Ereignisse unaufhörlich hin und her, in der Hoffnung, sie in einen Zusammenhang zu bringen, um dem Leiden zu entgehen und zu versuchen, das Kreuz zu umgehen. Wir wollen alles verstehen und schaffen es nicht, uns vollkommen hinzugeben und das unbedingte Ja zu sprechen, das es dem Wort erlaubte, in uns Fleisch zu werden. Wir geben der Versuchung nach, uns nach außen zu verbreiten und geben so die innere Unordnung weiter.

Maria ist aber da und unterweist uns. Wie schön ist sie in ihrem Schweigen, das nicht Blindheit gegenüber der Wirklichkeit, sondern vertrauensvolle Annahme bedeutet. Hierin liegt das Geheimnis ihrer Reinheit. Sie ist nicht zwischen Kopf und Herz gespalten, sie ist nichts als Herz! Und sie zieht uns mit dem Herzen an, weil es der Tabernakel des lebendigen Gottes ist, die Stätte seiner Gegenwart, damit wir unser Leben immerfort in seine Hände legen und Er den wundervollen Tausch vollziehen kann, unser Menschsein in seine Gottheit zu verwandeln.

Ganz sicher besteht ein inniger Zusammenhang zwischen der inneren Haltung Marias und der Tatsache, daß *Jesus zunahm an Weisheit und Alter und Gnade vor Gott und den Menschen.*

Jeden Tag brachte sie Jesus durch ihre Aufopferung, von Herz zu Herz, neu hervor. Mit ihrem in jedem Augenblick wiederholten Ja zu jeglichem Leiden und allen Widersprüchen ließ sie sich von Gott zu einer mystischen Mutterschaft befruchten.

Auch uns ist diese verborgene, aber durchaus wirklich vorhandene Fruchtbarkeit des Schweigens gegeben, nicht als Rückzug, sondern als Aufopferung.

Die Gnade der Frau

1.

Die Früchte des Geistes

> Die Huld der Frau entzückt ihren Mann,
> und ihre Gaben bereiten ihm Wohlergehen.
> Eine verschwiegene Frau ist eine Gabe des Herrn.
> Unschätzbar ist eine ihren Aufgaben gewachsene Frau.
> Eine wunderbare Gabe ist die Frau, die sich zurückhält;
> ein Schatz ohnegleichen die Seele, die sich zu beherrschen weiß.
> (Sir 26,13-15)

Eine Frau, die nach dem Vorbild Marias eine Braut des Geistes ist, weist besonders auch dessen Früchte auf, als da sind: *Liebe, Freude, Geduld, Güte, Wohlwollen, Glaube, Demut und Selbstbeherrschung* (Gal 5,22-23).

Das sind lauter Tugenden und geheime Kräfte; sie sind der Kern des weiblichen Geheimnisses und machen die Bedeutung der Frau als Säule der Geschichte erkennbar, freilich nicht offen, sondern verborgen.

Schweigsamkeit

«Ein in Gott konzentriertes Schweigen ist mächtiger als alles Rufen», sagte die heilige Teresa von Avila. Das ist gewiß eine freundlichere Sicht der Dinge als das berühmte «Sei schön und halte den Mund», das man den Frauen hinwirft, um ihnen zu bedeuten, daß sie besser schweigen sollten.

Es ist eine ständig zu beobachtende Tatsache, daß sie schwatzhafter sind als die Männer, daß sie ein ausgeprägteres Mitteilungsbedürfnis haben, sich leichter in Einzelheiten verlieren und Geheimnisse schlecht für sich behalten können...

«Zehn Teile Rede wurden in diese Welt gegeben. Davon nahmen die Frauen sich neun, die Männer einen», steht im Talmud geschrieben (Kidduschim 49b).

Die Brüder in unserer Gemeinschaft schauen die Schwestern manchmal recht erstaunt an und fragen sich, wie sie es fertig bringen, so lange zu reden, und was sie sich denn nur zu sagen haben könnten.

Schweigsamkeit ist keine Abwesenheit, keine Leere, die schleunigst ausgefüllt werden müßte, oder Rückzug angesichts der Ereignisse. Diese Geringschätzung rührt sicherlich daher, daß man sich selbst dazu zwingen muß, alle die Gedanken, die uns umtreiben, und die Urteile, die sich in uns breitmachen und Gott den Platz wegnehmen, zum Schweigen zu bringen.

Schweigsamkeit ist Fülle seiner Gegenwart und eine Bereitschaft des Herzens, auf Gott und die anderen zu hören.

> *Höre, meine Tochter, sieh und neige dein Ohr; vergiß dein Volk und das Haus deines Vaters, dann wird der König sich deiner Schönheit erfreuen* (vgl. Ps 45, 11-12).

Das Wort, das der Oberflächlichkeit unseres Wesens entspringt und uns unbemerkt entschlüpft, bevor wir überhaupt daran gedacht haben, das Wort, das wir nicht beherrschen konnten, es erreicht oft genau das Gegenteil dessen, was wir eigentlich wollten, und zerstört statt aufzubauen.

Das Evangelium ruft uns zum Fasten auf, denn in der Entbehrung wird der Hunger nach Gott spürbar. Wir sind jedoch zu einem noch vorzüglicheren Fasten, zum Verzicht auf das Wort, aufgerufen. Es vergeht kein Tag, an dem wir nicht die Gelegenheit versäumten, still zu werden und uns auf das fruchtbare Schweigen einzulassen, das Gott den ersten Schritt tun läßt.

Nur das vom Schweigen genährte und in ihm gereinigte Wort kann Frucht bringen und das Himmelreich aufbauen.

Wer wie Veronika diese Erfahrung gemacht hat, wird davon innerlich erneuert:

> Ich habe mich immer für eine Frau der Kommunikation gehalten: Kontaktaufnahme, Ausdruck, Beredsamkeit, Wortwahl, Vorstellungsvermögen, Liebenswürdigkeit usw., alles fiel mir leicht; doch wie arm war ich, was das Zuhören anbelangt!
>
> Allmählich entdecke ich, daß die wahre Kommunikation — in der das Wort Kommunion steckt —, in Wirklichkeit in der Schweigsamkeit begründet ist, genau wie das Handeln der Betrachtung entspringt und darin verankert ist. Ich will es näher erklären.
>
> Ich habe eines Tages bemerkt, daß mir, wenn ich ohne die Geräuschkulisse von Radio, Kassetten oder Musik bügelte, oft «gute Ideen» in den Kopf oder ins Herz kamen; gute, zutreffende Einfälle... Darum beschloß ich für die folgende Fastenzeit, mir oft «Zonen der Stille» einzurichten, zum Beispiel: keine Tagesschau, keine

«Besuche per Telefon», kein Fernsehen am Wochenende. Das war nicht immer so leicht zu verwirklichen, aber ich habe mich daran gehalten, und das hat mir eine ganz besondere, tiefe und beruhigende Freude eingebracht.

Nach und nach bekam ich Geschmack an der Stille. Ich lernte, darin meinen Jesus wiederzufinden, seine Liebe und Sehnsucht nach mir... Ich fragte mich auch nach unseren sexuellen Beziehungen: Am «gelungensten», am meisten hingegebenen und für unsere Ehe förderlichsten waren die, wo ich, die Frau, still sein und meine persönlichen Belange zum Schweigen bringen konnte. So ermöglichte ich es meinem Mann, mir sein Verlangen und seine Liebe auf seine ganz männliche, eher in Taten als in Worten bestehende Weise auszudrücken. Dann haben auch die Worte, die man vielleicht spricht, eine größere Bedeutung.

In der letzten Fastenzeit haben wir, ohne darüber zu reden, beschlossen, nicht darauf einzugehen, wenn einer von uns ein Wort zu viel oder etwas Verletzendes sagen würde. In acht von zehn Fällen hat mein ursprüngliches Temperament die Oberhand behalten. Die anderen Male jedoch, wenn ich mich zurückhalten konnte, habe ich festgestellt, daß das Schweigen meinem Herzen Zeit zum Umkehren gab: Ich konnte sehen, wie sich ein Anflug von Wohlwollen, ein Körnchen Geduld, ein Aufwallen von Erbarmen in mich einschlich und entfaltete...

Kann die Liebe nicht auch in der Selbstbesinnung gefeiert werden?

Das friedenbringende Herz der Frau

Wie mit der Schweigsamkeit ist es auch mit dem Frieden.

«Finde zum Frieden, und Tausende um dich herum werden sich bekehren», sagte der heilige Seraphim von Sarow.

Das hört sich zwar übertrieben an, ist jedoch die wirksamste Haltung, die es gibt.

Wir sind empört über den Krieg und beten für den Frieden, ergreifen ihn aber nicht in unserem Herzen, während Gott ihn uns doch mitten in den Widrigkeiten, Leiden und Widersprüchen selbst schenkt.

Wir würden es gern sehen, wenn die Nationen für den Frieden wirkten, sind aber selbst nicht bereit, uns auf den inneren Kampf gegen alles dem Frieden Abträgliche einzulassen, vor allem in den Beziehungen zu unseren Allernächsten.

Wir erwarten von den Regierenden mutiges Handeln, sind aber nicht bereit, unsere Sicherheiten aufzugeben, um den wahren Frieden zu finden.

Wir beten für den Frieden, nehmen aber vorbehaltlos alles auf, woraus Zwietracht entsteht: schlechte Gedanken, üble Nachrede, Anschwärzung, Verurteilung und Verdächtigungen.

Wir wissen, daß der Frieden um den Preis der, zuweilen heldenhaften, Verschwiegenheit zu erlangen ist, sind jedoch unfähig, ein Geheimnis für uns zu behalten.

Der Kampf für den Frieden hält so lange an, bis Gott uns befriedet hat.

Wer ein Vorkämpfer für den Frieden werden will, mache sich auf den Krieg gegen sich selbst gefaßt, gegen seine eigenen schlechten Neigungen, die zu Tod und

Zerstörung führen. Er möge damit beginnen, *an seinen Mund eine Wache zu stellen* (Ps 141,3), um in die Stille zu gehen und sich in der Gegenwart dessen, der der Friede ist, einzurichten.

Der Herr kann das Reich des Friedens durch Herzen aufrichten, in denen Friede geworden ist, zunächst in unseren Familien, dann in der ganzen Welt. Wir müssen die Pfeile des Feindes auf die gleiche Weise unschädlich machen, ohne uns innerlich treffen zu lassen, wie bei einem Stein, der ins Meer geworfen wird; die Wasseroberfläche wird eine kleine Weile gekräuselt und wird dann wieder vollkommen glatt.

Ein Herz, das zum Frieden gefunden hat, läßt es nicht zu, daß das Böse zunimmt und sich ausbreitet. Es ist wie ein Schwamm, der die Bitterkeit der Sünde aufsaugt und die Fesseln des Hasses zerreißt. Solche Herzen werden zu Friedensbringern, wie die Lavendelhändler in der Provence, die das ganze Haus unmerklich mit Duft erfüllen.

Auf die gleiche Weise verwandelt die Frau mit der Ausstrahlung ihres Herzens die Wesen und die Situationen durch ihre bloße Anwesenheit, nicht durch ihr Tun, sondern durch ihr intensives Sein.

Martha Robin hat gesagt: «Wenn in jeder Familie nur eine einzige Seele von Gott erfüllt ist, so wird sie das ganze Haus mit Ihm erfüllen.»

Selbstbeherrschung

Sie erwächst aus der Schweigsamkeit und dem Frieden, die es uns erlauben, nicht unbedacht auf alles von außen Kommende einzugehen.

Es ist kein Persönlichkeitsverlust, wenn man lernt, sich selbst zu beherrschen und den geeigneten Augenblick abzuwarten, bevor man sich erklärt und sagt, was man auf dem Herzen hat.

Viel zu viele Frauen verderben alles, weil sie nicht schweigen können, sie können nicht anders, als auf der Stelle alles zu sagen. Dabei würde man ihnen viel besser zuhören, wenn sie den günstigsten Augenblick abwarten könnten.

Eine junge Frau, die so gar nichts von einem bösen Weib an sich hatte, vertraute mir das Folgende an:

> Es ist einfach stärker als ich! Ich muß einfach sagen, was ich denke. Es kommt aus mir heraus, noch bevor ich Zeit hatte, meine Worte abzuwägen, und das bringt viel Unglück. Was am ärgerlichsten ist, nicht einmal vor den Kindern kann ich mich beherrschen. Tatsächlich, sobald mein Mann den Mund aufmacht, habe ich Lust, ihm zu widersprechen, und das gibt endlose Streitereien, die mich erschöpfen und uns alle sehr unglücklich machen.

Eine andere bezeugte hingegen:

> Wir waren kaum ein paar Jahre verheiratet, als ich mich zutiefst gegen meinen Mann aufzulehnen begann. Ich fand ihn selbstsüchtig. Ich litt fürchterlich. Trotzdem liebte ich ihn sehr, und ich staunte selbst über die Bemerkungen, die mir unbewußt entschlüpften und die ganze Bitterkeit meines Herzens verrieten.
>
> Eines Tages, ich weiß nicht mehr, warum wir uns stritten, fühlte ich mich plötzlich wie übergossen mit Aufruhr und dem unwiderstehlichen Wunsch, wütend zu werden.
>
> In demselben Augenblick fühlte ich aber genau so stark, daß ich ebenso gut auch nicht wütend zu werden brauchte, ich hatte die Wahl.

Wie lange hat dieser Zwiespalt gedauert? Ich weiß es nicht. Aber es ist so, daß ich in dieser Spannung blieb, einerseits mit der furchtbaren Lust wütend zu werden, und andererseits mit dieser Kraft, dieser Möglichkeit, es sein zu lassen und der Versuchung zu widerstehen.

Da habe ich mir innerlich langsam und mit all meiner Kraft gesagt: Nein, ich will nicht wütend werden!

In diesem Augenblick sah ich etwas gleich einer Schlange, die sich wieder ins Erdreich verkroch, wie wenn meine Wut sich verflüchtigte. Darauf ist sie mit Macht wieder aufgetaucht, wenn auch etwas schwächer, und um ein Haar hätte sie das letzte Wort behalten. Aber ich habe noch einmal gesagt: Nein, ich will nicht wütend werden! Nein, ich will nicht wütend werden! Nein, ich will nicht...! Und bei jedem Nein zog die Schlange sich etwas weiter zurück, bei jedem Nein hatte ich auch mehr innere Kraft, um der Versuchung zu widerstehen, bis sie vollständig weg war. Da habe ich mich zu meinem Mann umgedreht und ihn angelächelt, und wir haben uns weiter ganz natürlich unterhalten.

Diese Erfahrung wurde für mein Leben entscheidend.

Wenn mir die Versuchungen auch nicht erspart blieben, von diesem Augenblick an hatte ich stets die Kraft, ihnen nicht zu erliegen oder mich sofort wieder zu erheben. Der Herr hat mir eine Waffe für den Kampf gegeben. Er sei gepriesen!

Und ein weiteres Zeugnis:

Viele Jahre habe ich mich darin erschöpft, gegen meinen Mann zu kämpfen und zu versuchen, ihn in bestimmten Punkten zu ändern, aber umsonst. Nun habe ich endlich begriffen, daß es zwecklos ist, immer wieder damit anzufangen, sobald ich mit ihm nicht einverstanden bin.

Ich habe gelernt, mich unmittelbar dem Herrn anzuvertrauen und jede Lage ihm ganz anzuempfehlen, im Glauben, daß, selbst wenn mein Mann im Irrtum sein sollte, Gott diese Situation doch immer noch verwandeln könne, sodaß sie zu seiner Verherrlichung diente.

Ich muß sagen, daß ich sehr oft von der Wirksamkeit einer solchen Handlungsweise verwirrt war. Es hat mein Leben verändert. Es hat mich einerseits in meinem Eigenwillen und meinem Machtstreben gereinigt, indem es mich mehr den Willen Gottes erstreben ließ. Andererseits, statt Abwehrreaktionen bei meinem Mann hervorzurufen, der sich zu seinem Selbstschutz verschloß, sah ich, wie er sich ganz allmählich öffnete und viel besser auf das einging, was ich vorbrachte.

Wir haben wirklich die Wahl zwischen gut und böse, die Wahl, sanftmütig und gut, oder aber zänkisch zu sein. Das wissen wir, und trotzdem sind wir mit unseren schlechten Neigungen gegen uns selbst verbündet. Wir wollen alle Welt um uns herum reformieren, sind aber sehr duldsam, wenn es darum geht, diesen oder jenen unserer eigenen Fehler zu bekämpfen.

Jedes unbedachte Wort macht uns schwächer und erschwert den Kampf. Aber jedesmal, wenn wir heldenhaft schweigen, werden wir stärker und kämpfen leichter.

Manche Frauen haben es gelernt, sich willentlich und mit Berechnung zu beherrschen, um ihre Ziele zu erreichen, und wurden dabei eiskalt und für den Mann gefährlich.

Eine tugendhafte Frau ist nicht schwächlich, sie ist von einer Kraft, die aus Sanftmut und Liebe besteht. Sie ist Königin, weil sie ihre Leidenschaften beherrscht.

Zärtlichkeit

Schon dieses Wort erinnert an die ganze Sanftheit und Zartheit der Liebe, die um sich greift. Zärtlichkeit, das ist Liebe, die sich jenseits aller Worte ausdrückt, durch eine Geste, ein Streicheln, einen Blick oder durch liebevolle Nähe. Sie bringt zum Schmelzen, was hart ist, erwärmt, was kalt ist, stärkt das Schwache und heilt das Verwundete. Sie nährt sich von Stille und Frieden. Liebliche Gegenwart, die uns die Worte der Hymne an den Heiligen Geist auf die Lippen ruft:

«... In der Unrast schenkst du Ruh',
hauchst in Hitze Kühlung zu,
spendest Trost in Leid und Not...
Heile du, wo Krankheit quält,
wärme du, was kalt und hart,
löse, was in sich erstarrt...»

Die folgenden Zeugnisse machen das auf anrührende Weise deutlich:

Die Älteste von unseren drei Kindern, neun Jahre alt, litt seit ihrer frühen Kindheit an einer Art Gefühlsscheu, von der sie manchmal blockiert wurde. So versteckte sie sich vor Freude, wenn sie etwas geschenkt bekam! Das führte auf der Beziehungsebene zu Schwierigkeiten: Sie hatte nur wenige Freunde, traute sich nicht, auf andere zuzugehen und kam regelmäßig weinend aus der Schule, weil in der Pause niemand mit ihr hatte spielen wollen.

Das ging uns ans Herz, aber was konnten wir tun? Uns schien, daß wir hier nicht eingreifen und auch kein Mitleid auf sie lenken sollten, etwa durch Anrufe bei den Lehrern in der Schule oder den Müttern von Klassenkameraden.

Jacques und ich sprachen öfter darüber. Vor allem begannen wir in dieser Zeit — Zufall der Umstände! —, einander besser zuzuhören, uns jeden Tag füreinander Zeit zu nehmen und vor allem zärtlicher zueinander zu sein, mit oder ohne Worte. Wenn wir so ganz eng beieinander auf dem Sofa saßen oder einander in den Armen hielten, kamen die Kinder von sich aus und drückten sich an uns. Diese zärtliche Nähe unserer Leiber und Herzen hatte ihnen einst das Leben geschenkt und tat es auch weiterhin.
Unsere Älteste schöpfte daraus, ohne daß wir es richtig bemerkten, nach und nach so viel Kraft, daß sie aus sich herausgehen konnte. Ein Jahr später gewann sie den ersten Preis für Geselligkeit in der Klasse! Welch eine Freude für uns! Diese Veränderung hat sich in den folgenden Jahren gefestigt... und unsere Freude besteht weiter!

Nicole

... Seitdem ich also in der Klosterschule war, genoß ich die Freude, daß man sich um meiner selbst willen ein wenig um mich kümmerte. Ich war so hungrig nach Liebe, daß mir ein Klaps auf den Rücken oder ein Streichen übers Haar genügte; mein Herz «bewegte» sich wieder ein wenig, so als fühlte ich: «Man berührt mich, also bin ich...» Kleine, in den Augen der Menschen unbedeutende Gesten, die für das Herz eines Armen aber reich und dem Herzen Jesu kostbar sind, wie es heißt: *«Was ihr dem geringsten meiner Brüder getan habt, das habt ihr mir getan»* (Mt 25,40).

Was mich in diesen ersten Jahren am meisten rührte, war die Geste einer Ordensfrau, die es sich in den Kopf gesetzt hatte, mich von meiner Minderwertigkeit zu befreien. Bei ihr habe ich nie den geringsten Überdruß gespürt, im Gegenteil. Ihr Verhalten voller Geduld, Heiterkeit und Zärtlichkeit ließ mich später das folgende Wort begreifen: *«Weil du mir so teuer bist in meinen Augen, so wertgeschätzt, und ich dich liebe, gebe ich Menschen für dich hin und Völker für dein Leben. Fürchte dich nicht; denn ich bin mit dir»* (Jes 43,4-5).

Als ich zwölf Jahre alt war, machte der Herr meiner Einsamkeit ein Ende; er schickte mir eine junge Ordensfrau, die auf meine Suche nach Nähe einging. Zwar war ich, wie ein Priester es genannt hatte, «doppelt verschlossen wie ein Tabernakel» und redete auch kaum mit ihr, die ich in meinem Herzen «mein Mütterchen» rief; aber sie hatte begriffen, daß ihre Nähe mich glücklich machte und beruhigte. Darum erlaubte sie mir, mich jeden Tag nach der Schule zu ihren Füßen zu setzen, während sie ihre Vorbereitungen für den Unterricht traf. Sie war Musikerin und ließ mich die schöne Musik entdecken. Später eröffnete sie mir die Welt der Bücher. Ganz langsam, wie eine Blume an der Sonne, entfaltete ich mich.

Michelle

Keuschheit

Die Schwester der Zärtlichkeit ist die Keuschheit, deren Kraft und Schönheit wir neu entdecken müssen.

Das ist wieder so ein Wort, das uns aufregt, weil wir den tieferen Sinn nicht kennen und wir es mit Frustration gleichsetzen.

Adam und Eva waren im Garten Eden noch nackt und schämten sich nicht im geringsten voreinander. Wir haben gesehen, daß sie in Licht gekleidet und daher füreinander durchsichtig waren. Durch den Sündenfall verloren sie dieses Licht und darum schämten sie sich ihrer Nacktheit und versteckten sich.

Durch die Keuschheit wird die Reinheit der Beziehungen zwischen Mann und Frau wiederhergestellt, und zwar nicht nur in der Ehe, sondern allgemein. Sie bringt das Schamgefühl zum Verschwinden und kleidet sich in Schamhaftigkeit. Der Sexualität gibt sie die Rolle wieder, die ihr von Gott zugeteilt war, denn sie ist ein Geschenk Gottes, sie ist etwas Gutes und Schönes, und gerade deswegen wird sie vom Teufel so heftig angegriffen. Er äfft Gott nach, und seine Nachahmung ist Verzerrung.

Das Licht Gottes in unserem Herzen gibt uns die Einfachheit zurück. Auf diese Weise verwandelt es alle unsere Beziehungen und verleiht unseren Gesten Zurückhaltung, Reinheit und Adel.

Keuschheit ist keine Einengung und auch keine Verkürzung der Liebe. Dagegen ist eine auf die Sexualität beschränkte Liebe sehr wohl eine Verarmung, Einengung und Verkürzung. Die Keuschheit räumt der Sexualität ihren Platz ein, sie bewirkt eine Ausweitung und läßt den Ausdruck der Zärtlichkeit und die Ausbreitung einer Liebe zu, die vollkommen selbstlos ist und beide, den Gebenden wie den Beschenkten, sehr glücklich macht.

Die Frau ist von Natur aus verführerisch und neigt zu einer besitzergreifenden Liebe. Wenn sie auf eine solche zu enge Liebe verzichtet, wird sie keusch, weil sie dann nichts mehr für sich selbst erwartet. Ihre Gegenwart läßt allerdings niemals gleichgültig; sie bringt entweder Verwirrung oder Klarheit. Es genügt, daß sie da ist, damit die Männer sich anders verhalten, je nachdem, ob sie in ihnen das beste weckt oder das schlimmste.

Viele leiden unter der Grobheit und Gemeinheit in ihrer Arbeitsumgebung. Wenn die Frau wirklich vom Licht Gottes, von seiner Liebe erfüllt ist, hat sie es leichter, die Reinheit durch ihre bloße Anwesenheit wiederherzustellen. Wenn ihr Herz rein ist, kann sie den Hunger nach Reinheit wecken, der im Herzen jedes Mannes vorhanden ist.

Sagt nicht der heilige Petrus: *«Ihr Frauen, nicht äußerlichen Schmuck braucht ihr..., sondern in eurem Innern eine Seele, die ihre Sanftmut und Ruhe niemals verliert»* (vgl. 1 Petr 3,3-4).

Schönheit

Die Schönheit ist Teil der Gnade der Frau. Da ist keine, die nicht schön sein möchte.

Die Frau ist schön, doch ihre Schönheit liegt nicht im Ebenmaß ihrer Züge, sie kommt von der Gegenwart Gottes in ihr, von dem inneren Licht, das ihre Züge erhellt. Denn schön in uns ist Gott.

Ebenso, wie das Wahre schön ist und wie das Gute schön ist. Eine gute Frau ist schön.

> «Gott schuf sie, so gut anzuschau'n,
> die anmutigen, guten, schönen Frau'n;
> durch innere Güter hat Er sie erhoben,
> so drängt ein jeder sich, sie hoch zu loben.»
>
> So sangen die Troubadoure im Mittelalter.

Am Beginn des Schabbat[1], wenn wir uns alle um die Tafel versammelt haben, um Gott zu danken und uns miteinander an seiner Nähe zu freuen, beeindruckt die Schönheit der Gesichter. Es wird gesagt, daß man am Beginn des Schabbat eine Sonderzuteilung an Seele

---

1 Die Gemeinschaft der Seligpreisungen hat seit ihren Anfängen den Ruf, für die «Erleuchtung Israels» besonders zu beten; darum hat sie die Feier des Schabbat in ihre Liturgie aufgenommen.

erhalte, das heißt, eine Sonderzuteilung an Gottesnähe, und das kann man auf den Gesichtern der Brüder und Schwestern sehen. An diesen Abenden sind sie sehr schön. Gesichter, die eigentlich am unerfreulichsten sein könnten, leuchten nun wie verklärt. Die Welt braucht ein solches Zeugnis innerer Schönheit.

Nichts macht eine Frau häßlicher als der Blick, mit dem sie sich selbst sieht. Wieviel Kraft wird doch dafür verschwendet, sich schön zu machen und zu erscheinen, mit dem Grauen vor den ersten Falten und des Alterns, wobei sie dem Zahn der Zeit schließlich doch nicht entrinnen. Nichts kann sie dagegen schöner machen als der Blick Gottes auf sie.

«Du blickst mich an, und ich werde schön», heißt es in einem Gedicht. Eine Frau, die den liebenden Blick ihres Mannes auf sich fühlt, eine, die sich von Gott geliebt weiß, die strahlt vor Schönheit.

Die Kinder von Medjugorje haben die Jungfrau Maria einmal gefragt: «Wie kommt es, daß du so schön bist?» Sie erwiderte: «Ich bin schön, weil ich liebe.»

Was für eine wunderbare Antwort! Sie ist so tröstlich für alle, die von Minderwertigkeitsgefühlen und der Furcht vor dem Altern zerfressen werden.

2.

Die Frau in der Familie

Im Dienst der Einheit

Wenn ein Reich mit sich selbst entzweit ist, so kann dieses Reich keinen Bestand haben. Und wenn eine Familie in sich selbst entzweit ist, so kann diese Familie keinen Bestand haben (Mk 3,24-25).

Familien sind zerbrechliche Häuser, wenn sie auf den Sand des selbstsüchtigen Vergnügens und der Selbstverwirklichung gebaut sind. Wenn der Sturm kommt, bleiben sie nicht stehen, und die Schäden sind beträchtlich, oft sogar nicht wieder gutzumachen. Und heute wüten die Stürme. Der Zerspalter ist vorübergefegt, um zu trennen, was Gott vereint hatte, um den Mann und die Frau voneinander unabhängig zu machen und ihnen vorzutäuschen, sie könnten sich ohne den anderen besser entfalten.

Die sexuelle Freiheit und die sogenannte Befreiung der Frau haben zu unheilbaren Wunden geführt und die Herzen mit Bitterkeit erfüllt. Man spielt nicht ungestraft mit dem eigenen Leib, Herzen und der Seele, ebenso wenig wie mit dem Leib, dem Herzen und der Seele des anderen.

Familien, die auf dem Felsen der Gegenwart Gottes gebaut wurden, sind feste Häuser. Sie sind fest in dem Wunsch verankert, seinen Willen zu erfüllen, und in der selbstlosen gegenseitigen Hingabe. Sobald der Sturm kommt, stehen sie fest in dem Glauben an die Verheißungen Gottes, in der Hoffnung auf ihre Verwirklichung und darauf, daß denen, die Gott lieben, alle Dinge zum Besten gereichen. Wenn der Sturm vorüber ist, ist die Liebe gewachsen.

«Wenn wir die Menschheit heilen wollen, müssen wir zunächst die Familie heilen; in der Verwirrung der gegenwärtigen Schwierigkeiten ist dies das einzig Wichtige. Alle anderen Fragen und Nöte verschwinden angesichts der Not der Familie» (Kardinal Mindszenty[1]).

Man kann die Familie aber nur durch die Frau heilen, denn sie ist die Hüterin und Beschützerin des Heims.

Im Talmud wird sie, wie wir bereits gelesen haben, «das Haus des Mannes» genannt; denn der Mann, der im Leib seiner Mutter gewesen ist, findet in seiner Frau Zuflucht. Sie ist das Herz der Familie und beschützt deren Einheit. Alles ordnet, einigt, fügt sich zusammen und entfaltet sich um sie herum. Alles wird auch von ihr aus organisiert, da sie die Verbindung zwischen allen knüpft, die Kinder zum Vater und den Vater zu den Kindern schickt, zuhört, tröstet, ermutigt, verzeiht, miteinander versöhnt und jedem einen Platz einräumt. Sie

1 La mère, miroir de Dieu (Die Mutter, der Spiegel Gottes).

verbreitet das Öl der Liebe und Zärtlichkeit über alle Beziehungen in der Familie. Welch eine Freude, sich verstanden und geliebt zu fühlen! Sie sorgt sich um das Glück jedes einzelnen und ruht nicht eher, bis alle vollkommen glücklich sind.

«Jeder hat einen Anteil an ihr, und alle haben sie ganz», sagte Victor Hugo.

Die Frau, das Licht des Hauses

In der Kirche genügt ein ganz kleines Lämpchen, damit man nicht stolpert. Die Frauen müssen solche Lämpchen sein, wo immer sie sich aufhalten. Etwas um sie herum wird anders, wenn sie leuchten und brennen. Die einzige liturgische Handlung, die im Judentum von der Frau verlangt wird, ist, daß sie die Schabbatkerzen anzündet, damit der Mann die Familienliturgie feiern kann. In dem Augenblick, in dem die Dunkelheit der Nacht hereinbricht, bringt sie das Licht. In dem für die Frauen bestimmten Vorhof des Tempels hatten sie die Aufgabe, das ewige Licht zu versorgen. Und noch immer wird von ihnen erwartet, daß sie diese Lampen sind, die in der Nacht der Welt leuchten und uns neuen Mut fassen lassen.

Der Sonne, aufstrahlend in den Höhen des Herrn,
gleicht die Schönheit der guten Frau
als Licht ihres Hauses (vgl. Sir 26,16).

Das Priestertum des Herzens

Jede Frau trägt einen Ruf zum Leben in ihrem Schoß; durch ihre Mütterlichkeit ist sie mit einer einzigartigen Gnade betraut, die sie zu einer besonderen, unersetzlichen Rolle bestimmt. Das Tun, das der Mann sichtbar über die Welt ausübt und das etwas Äußerliches für ihn ist, das vollzieht die Frau unsichtbar in ihrem Inneren, so wie das Kind aus ihrem eigenen Fleisch Gestalt annimmt.

Die Schöpfung ist dem Mann in die Hände gelegt worden, und darum ist er in dem Kult, den er Gott widmet, derjenige, der das Opfer darbringt:

Der Hohepriester wird stets aus den Menschen genommen und für Menschen bestellt in ihrem Anliegen bei Gott: Er soll Gaben und Opfer für die Sünden darbringen (Hebr 5,1).

Es ist verständlich, daß die Frau, die so sehnlichst etwas für Gott tun möchte, einen Mangel empfinden kann.

Aber auch sie trägt ihren Teil bei; ihre Opfergabe hat sie in sich, sie bietet sich selbst dar und opfert die

Schmerzen ihres Herzens auf. Ihr Leiden wird zum Gegenstand ihres Opfers.

In dem Buch von Paul Claudel: L'annonce faite à Marie (Die Verkündigung an Maria) sagt Pierre de Craon: «Der Mann ist Priester, doch der Frau ist es gegeben, Opfer zu sein.» Dazu sagt Gertrud von le Fort[1]: «Hier berührt sich das Geheimnis der Mutterschaft im Religiösen mit dem priesterlichen Geheimnis der Transsubstantiation», das heißt, daß sich durch ihr mit Christus vereintes Opfer, durch die Aufopferung ihres ganzen Wesens, ein wahrer Tausch vollzieht, durch den Gott gegenwärtig wird; und das ist wahrlich eine die Welt verwandelnde Macht. So kann man sagen, daß die Frau von Natur aus priesterlich ist.

Die Frau kann Diakonisse sein, sie kann auch Pastorin sein, und einige sind sogar Rabbinerinnen. Sie kann aber nicht Priesterin sein, weil der Priester Christus darstellt, weil er dazu berufen ist «in der Person Christi selbst» zu handeln und weil er im Meßopfer das Opfer Christi verewigt, indem er es Gott im Namen des gesamten Volkes darbringt.

Die Frau aber vereinigt sich mit der ganzen Kirche in diesem Opfer mit Christus. Mit Ihm zusammen ist die Kirche auch Priester und Opfer, indem sie sich selbst mit Ihm vollkommen darbringt. Alle Jünger Christi «wirken kraft ihres königlichen Priestertums an der eucharistischen Darbringung mit und üben ihr Priestertum aus im Empfang der Sakramente, im Gebet, in der Danksagung, im Zeugnis eines heiligen Lebens, durch Selbstverleugnung und tätige Liebe» *(Lumen gentium, 10).*

---

1 Gertrud von le Fort, «Lebendiger Glaube...».

Wer sich heiligen läßt, der ist ein Wort Gottes an alle Menschen, durch das Er uns seine Geheimnisse zu erkennen gibt. Martha Robin, die dieses gemeinsame Priestertum der Gläubigen, zu dem wir alle berufen sind, in ihrem Leib und in ihrer Seele voll ausgelebt hat, lag das Priestertum der Laien besonders am Herzen. In einem wunderbaren Text bringt sie uns diesen Tatbestand nahe:

«Jedes Dasein ist ein Kalvarienberg, und jede Seele ein Gethsemane, wo jeder schweigend den Kelch seines Lebens zu leeren hat. Jedes christliche Leben ist eine "Messe", und jede Seele in dieser Welt ist eine "Hostie". Hören wir auf den heiligen Augustinus: "Sucht die Hostie, derer ihr bedürft, nicht außerhalb von euch: Diese Hostie findet ihr in euch selbst." Der heilige Paulus führt das zu Ende, wenn er euch sagt: "*Ich ermahne euch, Brüder, bei den Erbarmungen Gottes, daß ihr eure Leiber als ein lebendiges, heiliges, Gott wohlgefälliges Opfer darbringt, als eine lebendige Hostie*" (vgl. Röm 12,1).

Ihr habt es gehört, die Hostie eures Opfers, eurer Messe, das seid ihr selbst, das seid ihr mit eurem ganzen Sein und allem, was ihr habt und tut.»

Sie erklärt dann weiter, wie diese Hostie dargebracht werden soll: «Der Priester nimmt diese Hostie in seine Hände und bringt sie Gott dar.

Auch ihr müßt Gott die Opfergabe eurer Hostie darbringen, die rein geistig ist: euch selbst. Nehmt euch ganz und gar und rückhaltlos und bringt euch Gott mit Jesus dar, dem göttlichen Opfer, das unaufhörlich zum Heil aller geopfert wird. Nehmt euren Leib mit allen Sinnen, eure Seele mit all ihren Gedanken, euren Willen mit all seinen Strebungen, euer Herz mit all seiner Zuneigung; nehmt euer ganzes Leben, euren Alltag mit aller Arbeit, eure Leiden, Mühen und Kämpfe, eure Anstrengungen und gute Taten und sprecht zu Gott: "Herr, das alles ist für dich; ich opfere dir alles auf in Verbundenheit mit meinem Jesus, durch das Unbefleckte Herz meiner Mutter und mit deinem Priester im Heiligen Opfer des Altars."

Diese Aufopferung eurer selbst sollt ihr vollkommen, großzügig und frohgemut vollziehen.»

Wenn alle Getauften dazu berufen sind, ihr königliches, heiliges Priestertum auszuüben und auf je eigene Weise an dem einzigen Priestertum Christi teilzunehmen, so trifft dies besonders für die Frau zu, die schon an sich priesterlich ist, wie wir bereits gesehen haben. Sie ist es in allem, was Gott in sie hineingelegt hat; schon von Natur aus neigt sie zum «Priestertum des Herzens», da der Opfergeist, der bei ihr so natürlich ist, ein wesentlicher Bestandteil des priesterlichen Geistes ist.

Der Frau von heute ist die Größe ihrer Berufung gar nicht bewußt, und so stellt sie sich neben den Mann, um Gott als den Urheber ihres Unglücks anzuklagen, statt sich auf die Seite Gottes zu stellen, um den Mann zu retten.

Wir wollen aber noch einmal auf die Genesis zurückkommen. Wenn Adam zu Gott spricht: *«Die Frau, die du mir gegeben hast, die drängte mich zu essen»* (3,12), dann macht er sie zum Sündenbock der Krise, die sie in Gegensatz zu Gott bringt. Zugleich prangert er eine Mittäterschaft zwischen Gott und der Frau an. Bemerkenswerterweise hat Eva sich nicht verteidigt und wehrte sich nicht dagegen, daß Adam ihr die ganze Verantwortung für die gemeinsame Sünde zuschob. Es ist zum mindesten erstaunlich, wie sie sich verhielten. Man hätte erwarten können, daß Adam Eva in Schutz nahm, daß er wie ein für sein Handeln verantwortliches Oberhaupt auftrat oder das Unrecht zumindest auf beide verteilte. Statt dessen überträgt er die ganze Verantwortung auf seine Frau. Er macht sie zur Ursache seines Unglücks und wirft Gott vor, sie ihm gegeben zu haben.

Man hätte auch erwarten können, daß Eva gegen den Mann protestierte, wie die Frauen es so gut verstehen, sobald sie das kleinste Unrecht vermuten. Sie hat sich jedoch nicht verteidigt und auch nichts abgestritten, als sie zugab, daß sie sich von der Schlange hatte verführen lassen. Statt den Mann ihrerseits anzuklagen: «Du hättest doch widerstehen und mich vor mir selbst schützen können, um uns den Sündenfall zu ersparen», erkennt sie demütig ihre Schwäche vor Gott an. Sie bleibt für sein Handeln offen und wird darum zur «Mittlerin zwischen dem Mann und Gott». Daraus erklärt sich ihr religiöses Streben, mit dem sie auf ihren Mann einwirkt. Sie ist von Natur aus empfänglicher für das Religiöse; darum kann sie sich leichter auf die göttlichen Wege einlassen und erfaßt sie gefühlsmäßig. Anders als der Mann, der Vernunftgründe vorbringt, sich auflehnt oder gleichgültig wird und so von Gott abtrennt, macht die Frau die Türe niemals ganz zu.

Trotzdem müssen wir bemerken, daß hier eine Unterscheidung nötig ist: Nur allzu oft nehmen die Frauen eine Opferhaltung an, die nicht Gottes Wünschen entspricht. Dann erdulden sie Situationen, die unannehmbar sind, und ergeben sich darein, weil sie keine andere Möglichkeit sehen, oder sie fügen sich mit einer Märtyrerhaltung, die bei ihrer Umgebung Schuldgefühle verursacht.

Wenn die Frau eine solche Mittlerrolle zwischen dem Mann und Gott ablehnt, wenn sie nicht einwilligt, sich zum Opfer darzubringen, und nicht darauf verzichtet, sich mit menschlichen Waffen zu verteidigen, um statt dessen von Gott gerechtfertigt zu werden, dann gibt es keinen Ausweg mehr.

Der Sündenfall hat ganz verschiedene Folgen, und jeder muß den Teil annehmen, der ihm zukommt. Gott verflucht den Boden und die Schlange. Was den Boden angeht, so muß der Mann Tag für Tag mit ihm kämpfen, um daraus seinen Lebensunterhalt zu gewinnen. Was die Schlange betrifft, die die gefallene geistige Welt darstellt, sie soll es mit der Frau zu tun bekommen.

«Feindschaft will ich setzen zwischen dir und dem Weibe, zwischen deinem Sproß und ihrem Sproß. Er wird dir den Kopf zermalmen, und du wirst ihn an der Ferse treffen» (Gen 3,15).

Muß der Mann einen Überlebenskampf führen, so ist der Kampf der Frau ein geistlicher Kampf, in dem sie ihre ganze innere Kraft einsetzen muß. Sie hat die Macht, der Schlange den Kopf zu zertreten und die Finsternis zurückzudrängen. Diese weiß das und ist deshalb auf sie wütend; sie wendet ihre ganze List auf, um die Frau irrezuführen und sie in unfruchtbare Kämpfe zu verwickeln, in denen sie all ihre Kräfte aufreibt. Im Hebräischen bedeutet die Wurzel des Wortes *akab*: Ferse (dieselbe Wurzel wie Jakob, der seinen Bruder Esau an der Ferse festhielt) verzögern, am Weitergehen hindern, zurückhalten. Der Kopf der Schlange wird mit der Ferse zertreten; darum greift sie darin an, was die Kraft der Frau ausmacht, sie bemüht sich, die Frau von ihrer Berufung abzubringen, um sie unwirksam zu machen, um sie «zurückzuhalten» und sie in einer unfruchtbaren Bindung an die Vergangenheit festzuhalten.

Wie ein Baum mit im Wind zitternden silbrigen Blättern erbebt die Frau bei allem, was um sie herum geschieht. Sie wird von der kleinsten Sache berührt und sieht sich vielerlei Leiden, aber auch Freuden ausgesetzt. Durch ihre große Feinfühligkeit ist sie zarter, empfindlicher und darum auch verletzlicher. Schnell fühlt sie sich als Opfer und neigt zur Übertreibung. So schwach sie ist, ist sie seltsamerweise doch viel widerstandsfähiger als der Mann, weil sie die größere Fähigkeit besitzt, das Leiden anzunehmen. In dieser Hinsicht ist sie auch zum Opfer geeigneter. Hat Gott ihr nicht diese Fähigkeiten gegeben, damit sie sich mit dem einzigen, einzigartigen Opfer verbinden soll, dessen Priester der Mann ist?

Wenn wir Maria, die wahre Ikone der Frau, so wie Gott sie von Ewigkeit gewollt hat, betrachten, dann ahnen wir die ganze Tiefe und Schönheit unserer Berufung. Der Vater hat die Menschheit dadurch erlöst, daß Er seinen Sohn ans Kreuz gab, und die Mutter Maria, die Frau Maria hat an der Erlösung der Menschheit teilgenommen, indem sie die Hingabe ihres Sohnes an das Kreuz annahm.

Das Opfer des Neuen Adam wird am Kreuz vollendet, er wird zum Hohenpriester eines neuen Bundes, und am Fuß des Kreuzes in priesterlicher Haltung stehend, nimmt die neue Eva, Maria, mystisch an dem einzigen Opfer teil. In vollkommener Aufopferung und in der Durchbohrung ihrer Seele vereinigt sie ihr schmerzerfülltes Herz mit dem Herzen Gottes, in Erfüllung der Weissagung Simeons; sie nimmt an der Erlösung teil und ruft zur Versöhnung.

Es wäre so menschlich, so berechtigt gewesen, wenn Maria sich gegen die Henkersknechte ihres Sohnes empört hätte und über seine Freunde erbittert gewesen wäre, die ihn in einem Augenblick verließen, wo ihre Nähe beruhigend und tröstlich gewesen wäre.

Sie empört sich nicht, sondern bietet ihren Schmerz dar, und diese Haltung ist genau das Gegenteil von Rache, die das Herz verhärtet und Blut für Blut fordert. Empörung ist unsere unmittelbarste Reaktion, die schon da ist, bevor wir überhaupt Zeit zum Nachdenken hatten. Leiden ist für uns ein Ärgernis, es ist ein Stein des Anstoßes für unser ganzes Wesen, angesichts dessen man in dem Versuch, ihm auszuweichen, heftig reagiert. Eine andere Haltung ist die Aufopferung, die den Schuldigen entschuldigt. *In der friedvollen Aufopferung schmilzt das Schuldgefühl dahin, es wird darin aufgelöst.*

Am Fuß des Kreuzes wird Maria die Mutter der Barmherzigkeit, das heißt Mittlerin der göttlichen Barmherzigkeit für die Menschheit.

Wie schön ist sie in ihrem Schweigen, das nichts als Liebe und reine Opfergabe ist. Sie hegt keinen einzigen unguten Gedanken. Nach dem Vorbild ihres Sohnes ruft sie die Milde des Vaters auf alle Menschen herab, die von ihren Taten überrannt werden und *nicht wissen, was sie tun* (vgl. Lk 23,34). Ihr Verzeihen macht sie unschuldig und öffnet ihnen das Herz Gottes. Sie bringt das Opfer ihres Sohnes und ihr eigenes dar, das durchbohrte Herz. Sie sammelt alles Leid und opfert es der verwandelnden Kraft Gottes auf.

Die Berufung der Frau findet ihre Vollendung in der höchsten Stufe der Liebe, die darin besteht, sich mit ihrem ganzen Wesen bis zur völligen Hingabe des Lebens aufzuopfern. Dieses Opfer ist ein wahres Priestertum, das Priestertum des Herzens.

Der Mann tritt mit seinem Leib in den Kampf ein, und manchmal muß er sein Blut vergießen, um die Seinen zu retten. Sein Handeln wird gesehen und bringt ihm Lob ein. Die Frau ist daran in demselben Maß beteiligt, wenn auch verborgen; man spricht nicht von ihr, und trotzdem ist sie in den Taten der Männer im Kern stets zugegen. Durch die Aufopferung ihres Herzens bis zum Zerreißen, bis zur Durchbohrung wird sie zur «priesterlichen Frau», zu jener, die die Leiden ihres Herzens, zugleich aber auch alles vergessene Leid der Welt darbringt: das Leid der Kleinen, Wehrlosen und Ungeliebten. In dieser Aufopferung entdeckt sie Freude und gibt sie weiter.

Sie ist mitleidig, sie leidet mit den Leidenden und würde am liebsten an ihre Stelle treten. Sie macht die Unglücklichen sofort ausfindig, und bevor der Mann überhaupt nachdenken konnte, wie den Notleidenden zu helfen wäre, hat sie ihnen schon Hilfe gebracht. Sie achtet auf das, was jeder nötig hat, und möchte Glück für alle. Ihre Freude ist, die anderen glücklich zu machen.

Besonders empfindlich reagiert sie auf die heute so häufige Spaltung unter den Menschen. Offen für den Austausch und die Mitteilung im Gespräch, ist sie dem Mann zu einer Liebesbeziehung gegeben. Sie bezeugt ein sehr großes Bedürfnis, sich zu erklären, sich mitzuteilen und anzuvertrauen und leidet seit dem Sündenfall an der Störung der Gemeinschaft. Die Eintracht der Beziehungen kann aber durch sie, durch ihre große Sehnsucht und durch das Opfer ihres Herzens, wiederhergestellt werden. So kann sie die Fessel des Bösen zerreißen, wenn sie die Mißverständnisse beseitigt, sich nicht mit der Zwietracht zufriedengibt, sondern alles tut, um die Einheit wiederzufinden. Sie bezahlt dafür mit sich selbst und kann sogar so weit gehen, daß sie eine Ungerechtigkeit hinnimmt, um die zu retten, die sie liebt, so wie Eva sich bei Adams Anklage nicht gerührt hat.

Die Hingabe ihres Lebens, um dadurch Leben zu geben, bereitet ihr Schmerz und Freude zugleich. Die Mutterschaft läßt sie das Priestertum des Herzens, das zutiefst mit der Weitergabe des Lebens verknüpft ist, ausüben; Adam hatte Eva «die Lebende» genannt. Sie ist die Mutter des Lebens, die Mutter der Lebenden.

Durch die Mutterschaft wird die Frau unmittelbar zu dem Kern des Heilsgeheimnisses in Beziehung gesetzt, und das ist das Geheimnis der Menschwerdung. Aus dem Fleisch einer Frau ist das Wort Fleisch geworden. Gott wollte den Leib einer Frau zu seiner Menschwerdung benötigen. Und bei jeder Geburt wird er erneut Mensch, weil er in das Herz des Kindes einzieht.

Es ist die Frau, die Ihm neue Söhne und Töchter hervorbringt, sie, die das Herz der Priester vorbereitet, die dieses Volk von Priestern, Propheten und Königen gebiert und so zur Geburt der Kirche beiträgt. Man ahnt den Grund dieses geheimen Einverständnisses zwischen Gott und der Frau und ihre wesentliche Rolle in der Heilsgeschichte. Er hat sie zu seiner Verbündeten für das Glück des Mannes gemacht. Dadurch daß sie die Gnade entgegennimmt, teilt sie Gnade aus und gibt Segen weiter.

Noch leidet die Frau unter ihrer Schwäche und Verletzlichkeit. Der Mann beherrscht die Schöpfung und hat die Macht, zu handeln und die Dinge und Situationen zu verwandeln, während die Frau sich meistens schmerzlich ihrer Schwachheit und Unfähigkeit, die Wirklichkeit zu verändern, gegenübergestellt sieht. Sie muß sich bewußt werden, daß sich für sie die Macht zur Veränderung darin entfaltet, daß sie das Leiden annimmt. Der Gegenstand ihres Opfers verwandelt sich in Leben und macht Jesus in jeder Lage gegenwärtig. Wenn man selbst in den furchtbarsten Prüfungen Dank sagt, wird die Gnade herbeigerufen und Gott gegenwärtig gemacht. Das gibt uns Lebenskraft zu allem, was uns im Leben aufgegeben ist. Ist die Eucharistie nicht Danksagung und Opfer zugleich?

Dadurch daß die Frau die Durchbohrung der Seele, des Herzens, annimmt, ist sie für den Mann so etwas wie eine Offenbarung, sobald sie ihn nicht länger anklagt und ihn verändern will. Auf diese Weise werden die Gedanken vieler offenbar werden. Ein reines Herz ist wie ein Spiegel, in welchem man sich bei Licht betrachten kann, ohne sich verurteilt zu fühlen, während eine Anklage den anderen zur Rechtfertigung zwingt und verhindert, daß man sich selbst in Frage stellt. Die Frau steht in der Versuchung, den Mann anzuklagen und das zur Mutterschaft gehörende Leiden abzulehnen.

Klagt denn eine Mutter ihr Kind an? Nun ist ihr der Mann aber zunächst als Kind, und erst danach als Ehemann gegeben, und so muß sie ihm stets die Nachsicht einer Mutter entgegenbringen, um ihn zu einer immer vollkommeneren, uneigennützigeren Selbsthingabe zu erheben und um sich schließlich ihrerseits von seiner Väterlichkeit neu gebären zu lassen.

Als am Anfang die Frau der Schlange nachgab, rief sie damit das Mißtrauen des Mannes gegen sich wach und verursachte die Spaltung. Durch ihre so besondere Teilnahme am Opfer hat sie die Macht, das Vertrauen wiederherzustellen und die Wunden der Spaltung zu heilen. Damit hat sie jetzt den Schlüssel zur Versöhnung in der Hand.

Als Mann und als Frau schuf Er sie!

Wenn die Frau begreift, daß sie den Mann braucht, daß sie ohne ihn nicht auskommen kann und sich ihm wieder zuwenden muß, um ihr eigentliches Wesen wiederzufinden, dann wird das Meisterwerk der Schöpfung neu aufleuchten. Dann wird die Frau dem Mann den ganzen Reichtum ihres liebenden Herzens anbieten und von ihm alles das empfangen können, was er ihr zu geben hat.

So werden sie beide zur vollen Entfaltung gelangen und das Glück finden, zu dem Gott sie beruft.

Inhaltsverzeichnis